채용담당자 핸드북

(주)BSC 기업부설연구소 저

(주)BSC

추 천 사

- 人才競爭力 强化를 위해 잠 못드는 전국의 수많은 經營者와 HR담당자에게, 人才選拔에 관한 根源的 Root Cause를 다시 한번 일깨워주는 本書를 강력히 推薦한다.

  길인 SK하이닉스 기업문화실장

- 뛰어난 학문적 지식과 다년간 주요 대기업의 인적성검사를 시행해 온 실무 경험이 어우러진 이 책은 입사지원자 입장에서는 기업의 채용 흐름을 일목요연하게 파악할 수 있고, 기업 입장에서는 채용 프로세스를 체계적으로 정리하는 데 큰 도움이 될 것이다.

  권태호 한국전력공사 인사처장

- 그간 인사 업무를 해오면서, 시중에 채용 관련 참고할 만한 서적이 너무나 부족하며, 더군다나 한국적 상황에 맞는 저서가 절대적으로 부족하다는 현실에 많은 목마름을 가지고 있었다. 이러한 갈증을 해소해 주었던 이 책은, 무엇보다 저자들의 소중한 경험이 곳곳에 배어 있어 더욱 큰 도움이 되었다. 다년간 여러 기업들에게 컨설팅을 해주었던 살아있는 경험과 탄탄한 이론적 기반까지 골고루 갖춘 이 책의 출간은 인사분야에 종사하시는 분들께 희소식이 될 듯하다. 많은 기업의 인사담당자분들께서 이 책을 통해 人材를 보다 과학적/체계적으로 확보하는 데 도움이 되시길 바라는 마음을 담아 일독을 권한다.

  이재윤 한국오라클 매니저

● 불확실성 시대에 기업이 지속성장을 하기 위해서는 인재의 확보가 무엇보다 중요하다. 10년 가까이 대기업에서 채용담당을 수행한 내가 이 책을 보았을 때 전율을 느꼈다. 채용의 비밀이 공개되는 순간이다. 채용 단계별 절차에 따라 과학적으로 분석하여 원리와 구체적 실행절차, 사례가 풍부하다. 기업에서 채용직무를 처음 수행하는 사람이나 다년간 수행한 채용담당자라도 반드시 읽어야 할 필독서이며 채용의 바이블이다. 국내에 이 같은 채용핸드북이 또 있을까? 이 책을 취업준비생이 읽을까 겁이 난다.

공준서 KT 지사장, 전 채용담당

● 오랜 동안 필진들과 여러 가지 일을 해봤는데, 가장 기억에 남는 것은 모 기업의 창의력 평가 면접이었다. 체계적이면서도 창의적으로 창의력 평가를 기업의 면접 현장에 적용한 필진들의 노하우를 볼 수 있었다. 이 책을 통해서는 과학적 채용의 원리를 여러 도구를 통해 어떻게 실현하는지를 배울 수 있다.

이경화 교수 전 한국창의력교육학회장, 현 한국영재교육학회장

● 최적 인재를 골라 쓴다는 게 얼마나 어려운지는 누구나 알지만, 채용실무자를 위한 과학적 가이드가 없는 현실이 답답했다. 최고의 고객들과 오랜 시간 함께 고민하면서 응축해 온 다양한 토픽의 실천적 솔루션들은 어느 학자의 논문보다 값지고 자랑스럽다. 더구나 숲과 나무를 나누어 또 함께 보는 즐거움은 생각보다 크다. 이제 더 완벽한 솔루션을 만들어 내도록 채찍질하는 일은 독자의 몫일 것이다.

민병모 박사 PSI컨설팅 Assessment Group 부사장

서 문

2000년대 이후 우리나라 대표 대기업들에게 인·적성검사 도입을 비롯한 채용 프로세스 컨설팅을 제공해 오면서 언젠가는 지금 하는 일들을 기록으로 남기는 게 좋겠다는 생각을 해 왔다. 근래 해 온 일들을 한 마디로 정리하자면 '공채의 과학화'라고 할 수 있지 않을까 싶다. 우리가 해 온 일들은 사실 책과 저널을 읽고 학회에 참가해서 채용을 어떻게 하는 게 좋은지 알아 보고, 글로벌 기업들은 어떻게 채용을 하고 있는지 조사한 후 국내 대기업의 현실에 맞춰서 최적의 솔루션을 제공한 것에 불과하다. 실전적 원리와 사례들을 본문에 담았다.

왜 지금인가? '대규모 대졸공채'라는 동아시아적 현상이 한숨 고르고 가는 시점이라는 게 한 가지 이유다. 글로벌 기업에서 일하다가 국내 에너지 기업의 CEO를 맡으신 어느 분께서 한국 기업의 '공채'라는 문화가 어느 글로벌 기업에 있느냐면서 의문을 제기하신 적이 있다. 검증된 바는 아니지만 대규모 공채는 국가 경제가 고도로 성장할 때 기업도 눈부시게 성장하면서 '미친 듯이' 사람을 충원해야 하기 때문에 생겨난 현상이 아닐까 한다. 그리고 2000년대 한국에서 일어난 공채의 과학화는 성장률이 다소 둔화되기 시작할 때 노동 시장에서 공급이 많아지면서 기업 입장에서는 사람을 잘 뽑아야 할 필요성에서 비롯된 것이 아닐까 한다. 이제는 한국 기업도 성장률이 매우 낮아진 서구 기업들처럼 신입 채용의 규모는 줄어들고 사업상 필요에 따라 수시로 경력직원을 채용하는 비중이 점차 늘어나게 되지 않을까 예상해 본다. 그런 의미에서 공채의 시대를 정리하는 기록물이 지금 필요하다고 본 것이다.

이 책이 나오기까지 직접 또는 간접적으로 우리에게 도움을 주신 분들이 많다. 먼저 우리가 활동할 울타리를 만들어 주신 한국행동과학연구소의 정범모 회장님과 이성진 전 소장님, 일하는 기본 틀을 가르쳐 주신 민병모 선생님(현 PSI 부사장), 여러 선후배 연구원들에게 감사한다. 그 동안 믿고 일할 기회를 주셨던 여러 대기업, 특히 SK그룹, 현대자동차그룹, KT그룹, 대한항공, 신한은행, 하나금융그룹, 농협중앙회 등 관계자들과 공기업인 한국전력공사 및 자회사, 한국석유공사 관계자들에게도 감사 드린다. 이분들 덕분에 최소한 근년은 매우 행복했다는 말씀을 지면을 통해 전해 드리고 싶다. 또한 여기서 일일이 이름을 열거할 수는 없지만 일하는 과정에서 어려움을 극복하는 데 큰 도움을 준 많은 친구들에게도 감사의 뜻을 전한다.

앞에서는 대규모 공채의 시대가 끝나가는 것 아닌가 했지만, 당장 공채가 없어지지는 않을 것이다. 또한 공채뿐 아니라 수시 채용에도 이 책에서 제시된 원리나 실전적 팁들은 유효할 것이라 기대한다. 이 책이 앞으로도 계속될 채용담당자의 고민을 해결하고, 회사 입장에서 어떻게 사람을 뽑아야 하는지에 대한 작은 지침으로 활용된다면 여러분에게 진 빚을 조금이나마 갚는 셈 치려 한다.

목 차

추천사 — 002

서문 — 004

제Ⅰ부. 채용의 숲

제1장. 인재 선발의 기준
"어떤 사람을 뽑고 싶으세요?" — 011
교과서적 채용 프로세스 — 012
직무분석 — 013
직무분석에서 역량모델링으로 — 016
'역량'보다 '가치'? — 019
기준 세우기 — 022

제2장. 평가 체계 설계
설계 원리 — 023
타당도 분석 — 027
허들이냐 합산이냐 — 030

제Ⅱ부. 채용의 나무

제3장. 서류 전형
전통적 자기소개서 — 033
역량기반 지원서 — 036
바이오데이터 - 서류 전형의 획기적 개선 — 046
서류 전형의 나아갈 길 — 054

제4장. 인·적성검사

인·적성검사 일반에 대한 이해 —————— 057
검사 점수의 해석 —————————————— 059
좋은 인·적성검사를 고르는 기준 ——————— 061
"우리 회사에 맞게^{customizing} 검사를 만들고 싶어요" —— 064
적성검사 —————————————————— 065
인성검사 —————————————————— 072
검사 결과의 활용 ——————————————— 082

제5장. 일반 면접

면접의 발견 ————————————————— 089
면접이란? —————————————————— 092
면접의 최근 경향 ——————————————— 093
면접의 종류 ————————————————— 098
면접 준비 및 실전 —————————————— 118
면접, 그 이후 ———————————————— 134

제6장. 시뮬레이션 면접

토론면접 —————————————————— 136
PT면접 ——————————————————— 154
역할극 면접 ————————————————— 162
복합면접 —————————————————— 167
시뮬레이션 면접 적용을 위한 체크포인트 ———— 171

후기 ————————————————————— 174

채용담당자 핸드북

제 I 부

채용의 숲

제1장

인재 선발의 기준

"어떤 사람을 뽑고 싶으세요?" : "글쎄요"

채용담당자 A는 직원 선발에 인·적성검사를 활용하기 위해 컨설턴트를 불러서 설명을 요청했다. 컨설턴트는 A에게 어떤 사람을 뽑으려고 하는 것인지, 또는 인·적성검사로 지원자의 어떤 특성을 알아보고 싶은 것인지를 물었다. A는 "글쎄요" 하면서 명확한 답을 줄 수 없었다. 오히려 인·적성검사로 무엇을 잴 수 있는지, 어떤 것을 재는 것이 바람직한지를 컨설턴트에게 되물어 보았다.

가상의 사례이기는 하지만, 이처럼 명확한 인재 선발의 기준 없이 서류 전형-인·적성검사-면접 순으로 채용 프로세스를 진행하면 저절로 회사가 원하는 좋은 인재를 뽑을 수 있으려니 하기 쉽다. 이는 일종의 '프로세스 맹신주의'라고 할 수 있는데, 특히 여러 종류의 감사에서 채용의 공정성을 입증해야 하는 공기업이 이런 맹점에 빠지기 쉽다. 이렇게 되면 프로세스의 질적인 측면에 신경쓰기보다는 양적으로 객관화할 수 있는 지표에 매달리게 된다. 또한 한번 특정한 공기업의 서류 전형에 통과한 지원자는 계속해서 똑같은 서류 전형에 통과하게 되어서 어떤 공기업은 취업재수생이 아니면 서류 전형 통과도 힘든 사례가 나타나기도 한다.

무엇을 평가할 것인지, 무엇을 기준으로 사람을 뽑을 것인지를 먼저 정해야 어떻게 평가하는 것이 타당한지에 대한 답을 찾을 수 있다. 특이한 검사 도구, 새로운 면접 방법을 먼저 찾을 것이 아니라 어떤 사람을 뽑을지를 먼저 정해야 그에 맞는 수단과 방법을 설계할 수 있다.

물론 어떻게 하다 보면, 운이 좋으면 좋은 지원자를 선발하게 되는 경우도 없지는 않을 것이다. 하지만, 경영 활동은 그렇게 하는 게 아니라고들 한다. 채용을 진행하는 담당자나, 채용을 요청하는 현업 부서 책임자라면 어떤 사람을 뽑아야 하는지 그 요건을 명확하게 하고 일을 추진해야 할 것이다. 이번 장에서는 어떤 사람을 뽑을지를 정하는 과정에 대해 설명하고자 한다.

교과서적 채용 프로세스

Gatewood, Barrick & Field가 2011년에 출판한 Human Resource Selection 제6판에 따르면 선발 프로그램 개발은 다음과 같은 단계를 밟아야 한다.

① 직무분석
② 유관한 직무 수행 차원 규명
③ KSA(Knowledge, Skills, Abilities) 규명
④ KSA 측정을 위한 평가 도구 개발

⑤ 평가 도구 타당화(내용 관련, 준거 관련)
⑥ 활용

여기 제시된 단계 중 평가도구 개발과 활용은 3장에서부터 자세하게 다룰 것이므로 이 장에서는 나머지들을 먼저 다루도록 한다. 미리 한 가지만 언급할 것이 있는데, 위에서 말하는 평가 도구 타당화란 본격적으로 적용하기 전에 시험적으로 적용해 보고 직무 수행을 제대로 예측할 수 있을지 점검하는 것을 의미한다는 점이다. 위의 6단계 모형에는 장기적으로 더 중요한 단계가 빠져 있다. 활용하면서 자료를 축적하여 평가 도구들이 장기적으로 직무 수행을 제대로 예측하고 있는지 분석하고 평가 도구들을 개선해 가는 작업이 반드시 필요하다.

직무분석

기업이 원하는 인재를 선발하려면, 인재를 뽑아서 어떤 일을 시킬 것인지를 먼저 명확하게 하자는 것이 서양적 사고다. 일반적으로 직무분석을 하면 직무에서 수행하는 과제(task), 산출물(상품과 서비스), 활용 장비 및 재료, 환경(작업 조건, 위험 요소, 작업 스케줄 등) 등을 목록화하게 된다.

이런 정보는 두 가지 면에서 유용하다. 첫째, 지원자에게 제공함으로써 지원자가 잘못된 기대를 갖고 지원하지 않도록 예방할 수 있다는 점에서 유용하다. 현실적 직무 소개(realistic job preview)를 통해서 초기 이직률을 낮출 수 있다는 것이다. 둘째, 채용 프로세스 개발의 기본 자료로서 유용하다. 특히 KSA는 전통적으로 선발과 관련한 필수 평가 항목으로 여겨져 왔다.

실제 채용에 직무분석 자료를 활용한 사례가 국내 대기업에는 얼마나 있을까? 전혀 없지는 않겠지만 대부분 대기업이 비싸게 컨설팅 회사에 의뢰해서 직무분석을 해놓고도 막상 실전에서 활발하게 활용하지는 못하기 쉽다. 따지고 보면 정확한 직무분석 없이는 채용, 승진, 배치가 제대로 될 수 없다. 또한 직무급, 성과급 제도도 사상누각일 가능성도 크다.

많은 회사에서 직무분석과 채용이 밀접하게 연계되지 못한 이유는 무엇일까? 일단은 직무분석 작업을 너무 어렵게만 생각하고 있는 것이 여러 문제의 원인으로 보인다. 미국의 경우 웬만한 인사담당자의 주요 과제가 직무기술서 작성이어서 관련한 핸드북이며 참고자료들이 많이 팔리고 있다.

예를 들어서 1999년 Darin Hartley는 Job Analysis at the Speed of Reality라는 책에서 빠르게 직무분석을 할 수 있는 대안을 제시한 바 있다. 정보화 시대의 직무분석이라는 제목으로 이 책의 한국어 번역본도 출간되었지만 큰 반향은 없는 듯하다. 어쨌거나 우리나라에서는 직무분석을 컨설팅 회사만이 할 수 있는 비싼 용역으로 간주하는 경향이 강해서, 직무분석을 하더라도 몇 년에 한 번 시행하기 때문에 컨설팅을 받은 기업 담당자는 "직무분석 한 게 있긴 있는데 오래 돼서 못 써요."라고 물러서기 쉽다. 아니면, 직무분석 자료가 있긴 있는데 인사팀에서 알아서 대충 한 거라서 믿을 게 못 된다는 생각을 할 수도 있다.

하지만 오래 된 것이건, 대충 한 것이건 없는 것보다는 훨씬 낫다. 채용담당자나 컨설턴트에게는 귀중한 자료가 된다.

채용을 위한 직무분석, 어렵게 생각하지 말자. 어떤 지식, 기술, 능력을 갖춘 사람을 뽑아야 하는지를 구체적으로 정한다고만 생각해 보자. 물론 이 작업은 인사 부서 직원 단독으로 할 수 없는 작업이다. 어쩌면 현업 부서에 권한 위임이 많이 된 조직이라면 충원을 요청하는 현업 팀장에게 어떤 지식, 기술, 능력을 갖춘 사람을 뽑으려고 하는지 구체적 요건을 요구할 수도 있다. 그리고 한 걸음 더 나아가서 서류 전형, 인·적성검사, 면접에서 각각 어떤 점들을 평가하려고 하는지 현업 부서와 인사 부서가 같이 설계할 수도 있다.

회사 내에 직무분석 자료가 없다면 외부의 직무분석 자료를 활용할 수도 있다. 한국직업능력개발원의 자료나 여러 논문 등 국내의 직무분석 자료도 참고할 수 있는데, 미국 노동부의 O*NET이라는 사이트 (http://www.onetonline.org)의 직무분석 자료를 찾아볼 것을 강력하게 추천하고 싶다. 다양한 직업에 대한 상세한 직무분석 자료를 무료로 쓸 수 있다. O*NET에서는 KSA 뿐만 아니라 성격적 특성, Holland 코드 등 다양한 자료를 제공하고 있는데, 이 직무분석 자료를 바탕으로 회사에서 약간만 가공해도 승진, 배치에도 매우 유용하게 활용할 수 있다.

> 직무분석 작업을 어떤 지식, 기술, 능력을 갖춘 사람을 뽑아야 하는지를 구체적으로 정한다고만 생각해 보자.

직무분석에서 역량모델링으로

2000년대 들어 역량기반 HRM의 바람이 불면서 역량이 점차 채용의 키워드로 자리잡게 되었다. 역량 기반 채용은 쉽게 말해서 일 잘하는 사람들의 특성을 파악해서 그 특성을 갖춘 사람들을 채용하는 것을 말한다. 기존의 직무분석을 통한 KSA 또는 (Others를 추가한) KSAO 프레임이 상대적으로 단순한 방법론에 기초한 데 비해서 "우수 수행자의 차별적 행동 특성"이라는 역량은 상대적으로 복잡한, 그럴 듯한 방법론으로 인사 담당자들에게 어필해 왔다. 상대적으로 볼 때 직무분석의 KSAO는 다소 '감'에 의존했다면 역량모델링을 통해 도출되는 역량 목록은 좀 더 '경험과학적 증거'에 기초한 듯 보이고 있다.

이런 경향은 채용 프로세스에도 영향을 미쳤다. 흔히 '스펙'이 KSAO를 측정하는 대표적인 방식이었다면 역량기반 채용 프로세스는 대체로 "미래 행동을 가장 잘 예측하는 것은 과거 행동이다."라는 원리를 적용하여 경험적 증거를 구체적으로 확보하는 데 더 초점을 맞추고 있다. 직군에 상관 없이 채용을 하는 경우에는 공통 역량 위주로 검증을 하고, 직무를 정해서 채용을 하는 경우에는 직무 역량을 반영해서 채용 프로세스를 설계하고 운영하게 된다.

역량이 무엇인지, 역량모델링을 어떻게 하는지를 설명하는 것은 이 책의 범위를 벗어난다고 본다. 채용 프로세스 설계 및 운영과 관련된 몇몇 점들만 지적하고 넘어가기로 한다.

첫째, 역량모델링은 얼마나 자원을 투입하느냐에 따라 작업 기간과 비용에 큰 차이가 있다. 매우 간단하게 하는 방법은 역량 사전을 활용해서 현업에서 간단한 설문조사를 실시하고 모델을 확정하는 방법이다. 이렇게 하면 2~3주 내에 작업을 끝낼 수 있다. 무겁게 하려면 사보 및 사내 게시물 분석을 통한 조직 문화 이해에서부터 시작해서 기존 유사 문헌 리뷰, 현업 전문가(Subject Matter Experts)를 대상으로 한 포커스 그룹 인터뷰, 중요 사건 기법(Critical Incidents Technique)을 적용한 워크숍, 관리자 인터뷰, 임원 인터뷰 등을 망라하여 총정리하고 여러 단계의 확정을 받아서 모델을 정할 수도 있다. 채용 관련 역량모델링은 아무리 크게 해도 대개 2~3개월 내에 결과물을 내고 마무리할 수 있다. 결국 얼마나 다양한 기법으로, 많은 자료 조사를 하느냐에 따라 정말 기간과 비용의 편차가 큰데, 비용 대비 효과가 가장 극대화되는 방법은 회사의 사정이나 문화에 따라 다르기 때문에 상황을 잘 파악하고 방법을 정해야 한다.

둘째, 회사에서 이미 역량모델링을 했을 경우 그 역량모델링의 목적이 무엇이었는지 점검할 필요가 있다. 역량 모델링의 결과물은 대개 핵심역량, 리더십 역량, 직무역량 등으로 구분된 역량의 정의와 행동지표들로 구성되어서 다 그게 그것 같고 별 차이가 없어 보일 수 있다. 그러나 예를 들어서 역량개발 및 육성을 목적으로 하는 역량모델링과 채용 및 선발을 목적으로 하는 역량모델링의 결과물은 내용면에서 크게 차이가 날 수 있다. 특히 교육가능성, 변화가능성의 측면에서 큰 차이가 있다. 다시 말해서 교육 및 개발을 목적으로 하는 역량모델링에서는 "우수 수행자의 차별적 행동 특성" 가운데 교육 가능한 특성, 변화 가능한 특성들에 초점을 맞춰서 개념화한다. 이에 비해서 채용과 선발을 목적으로 하는 역량모델링에서는 교육을 통해서 쉽게 변화할 수 있는 특성이나 지식은 역량모델에서 제외하는 것이 일반적이다. 쉽게 교육할 수 있는 특성은 선발에서 결정적인 요인으로 간주할 수 없기 때문이다. 따라서 역량 정의를 잘 살펴 보고 그 중에 잘 변하는 것, 교육하기 쉬운 것은 채용 과정에서 그대로 적용하지 않도록 유의할 필요가 있다.

셋째, 대부분 역량모델링의 결과물을 보면 지적 능력의 상대적 비중이 과소평가되고 있다. 특히 대기업 인사담당자들이 "지적인 능력은 어느 정도만 넘으면 되지 그 이상은 의미가 없다."는 말을 하는 경우가 종종 있는데 지금까지 연구는 그런 통념과는 반대되는 결과를 보여 주고 있다. 즉, 대부분의 직종에서 직무 수행과 가장 상관이 높은 요인 하나만 꼽는다면 그것은 지적 능력인데, 특히 대졸 관리직에서는 나이가 들고 직급이 올라갈수록 지적인 능력이 더욱 중요해진다고 보고하고 있다. 따라서 역량기반 채용 프로세스를 설계할 때는 지적 능력을 충분히 측정할 수 있도록 특별히 신경 쓸 필요가 있다.

넷째, 역량의 수가 적정한지 검토해 보아야 한다. 현업에서는 이왕이면 한 도구로, 또는 한 면접에서 가능한 한 많은 역량을 측정하면 좋다고 생각할 수도 있다. 예를 들어서 짧은 면접에서 10여 개 역량을 측정하도록 설계해 달라는 요구를 할 수도 있다. 담당 임원이 역량 개수가 많기를 원하거나, 기존 도구에서 많은 역량 리스트를 갖고 채용을 진행해 왔다면 그럴 수 있다. 그러나 그렇게 많이 재려고 하면 실은 하나도 제대로 재기 어려운 것이 현실이다. 이럴 때는 여러 자료를 제시해서 역량 수를 줄이는 것으로 설득을 하고 일을 진행해야 하지 않을까 한다. 공통 역량은 5~6개를 넘지 않는 것이 바람직하고, 직무 역량을 별도로 한다면 공채 과정에서는 직무별로 3개를 넘지 않도록 해야 현실적으로 운용 가능한 시스템을 설계할 수 있다.

직무군별로 중요하게 여기는 대표적인 역량들을 다음과 같이 정리할 수 있다. 아래 표는 O*NET을 비롯해서 국내외 역량모델링 자료들을 종합해서 정리한 것이다.

직무군	주요 역량
M(마케팅)	통찰력/전략적사고, 정확한 일처리
P(생산관리)	문제 민감성, 의사소통
R(연구개발)	학습지향, 문제해결력
S(경영지원)	조직이해/인식, 기획력

'역량'보다 '가치'?

역량이 일 잘하는 사람들의 특성을 상향식(bottom-up)으로 요약해 낸 것이라면, 회사가 추구하는 중요한 경영철학과 원리들을 경영진이 하향식(top-down)으로 정리한 것이 바로 가치다. 모 그룹의 경우 핵심 가치 도출을 위해서 유명하다는 글로벌 컨설팅 펌에 큰 작업을 맡겼는데 그 결과가 크게 마음에 들지 않아서 좀 더 유명한 컨설팅 펌에 맡겼으나 역시 마찬가지였다. 그래서 결국은 오너와 핵심 사장단이 호텔에 들어가서 1박 2일 동안 "우리가 추구하는 가치가 뭐지?"하면서 논의해서 핵심 가치를 결정했다는 야사가 전해져 오고 있다.

각 회사가 내세우는 '인재상'은 대개 '가치'의 한 표현이라고 볼 수 있다. 물론 경영진이 기존의 조직 문화나 일 잘 하는 사람들의 특성을 고려해서 가치를 정립하는 경우가 많다. 그러나 가치를 강하게 내세우는 기업들은 대개 변화와 성장에 강하게 드라이브를 거는 기업들이 많다. 즉 기존의 일하는 방식으로는 기업이 원하는 성과를 낼 수 없다고 판단하거나 기업의 생존이 어렵다고 보는 경우에도 가치를 강하게 내세우는 사례를 볼 수 있다.

홈페이지에 공개된 자료를 보면 SK그룹은 "SK 모든 구성원이 공유하여 행동과 의사결정의 기준으로 삼아야 하는 것으로 SK 문화를 구축하기 위한 구성원의 행동기준 및 자세"라고 SK Value를 정의하고 있다. 그 하위 항목으로는 Passion(열정), Love(사랑), Challenge(도전), Accountability(책임), Integrity(진실성), Innovation(혁신) 등이 들어 있는데, 채용 프로세스에는 이들 항목을 검증하는 도구들이 많이 사용되고 있을 것으로 추정할 수 있다.

하나금융그룹 역시 홈페이지에 추구하는 가치를 잘 제시하고 있다. 그 내용을 보면 "투명", "정직", "성실", "기본 중에 기본"으로 설명되는 "Integrity"를 필수 덕목으로 하고 있고, "자주", "자율", "진취"를 하나 정신으로 정리하고 있으며, 성공적인 사업모델 구현과 진취적인 미래 도전을 위해 발전시켜야 할 가치로 "사람 존중", "고객 우선", "시장 선도", "성과 중심"등을 경영 원칙으로 제시하고 있다. 물론 채용 프로세스에도 이들 가치를 반복적으로 검증하도록 설계가 되어 있을 것이다.

2012년 상반기 현재 각 그룹 홈페이지에 제시된 30대 그룹의 인재상을 분석해 보면 다음의 7개 항목으로 요약할 수 있다. 도전, 전문성, 협력, 창의, 글로벌 마인드, 책임, 정직 등이 그 항목이다. 아마도 대부분의 기업이 제시하는 인재상들도 이 목록을 크게 벗어나지 않으리라 본다.

인재상 키워드	정의	유사어
도전	높은 목표를 세우고 적극적, 주도적, 열정적으로 최고의 성과를 내고자 함	최고 또는 최상, 열정, 성과, 목표, 적극, 주도, 개척, 투지
전문성	지속적인 자기개발과 지식 학습을 통해 전문성을 발휘할 수 있는 실력과 안목을 확보함	전문, 사고, 지식, 개발, 학습, 실력, 안목
협력	상대방을 존중, 배려하는 자세로 대내외 고객과 우호적 관계를 형성하며 긍정적 협조와 지원을 이끌어 냄	고객, 존중, 배려, 봉사, 팀웍 또는 팀워크, 시너지, 양보 또는 희생
창의	새로운 변화와 경험을 즐기며 혁신적인 아이디어를 발굴하고 현실화 함	창의, 변화, 창조, 혁신, 아이디어
글로벌 마인드	유연하고 개방적인 자세로 다양한 문화 및 세계인들과의 교류를 즐김	글로벌, 세계, 다양, 유연, 열린, 개방
책임	구체적 실천과 헌신을 통해 책임을 끝까지 완수함	책임, 실천, 헌신, 주인, 완수
정직	원칙과 규정, 윤리 지침을 준수하며 공정하게 일을 처리하여 신뢰를 얻음	신뢰, 윤리, 정직, 건전, 원칙, 계획 또는 체계, 공정, 믿음

우리나라 대기업들은 일찍부터 인재상을 정의하고, 지원자가 그 인재상에 부합하는지를 검증하는 여러 장치들을 개발해 왔다. 대표적인 경우가 SK그룹의 인·적성검사라 할 수 있는데, SK그룹은 1970년대 말부터 채용 과정에서 경영 이념을 반영하여 인재를 선발해 오고 있다. 2000년대 이후에는 많은 대기업이 지원자의 "조직가치부합도"라는 지수를 개발해서 채용에 반영하고 있다. 산출하는 방식은 여러 가지가 있

겠지만, 결국은 가치 관점의 평가에서 높은 점수를 받는 사람을 선발하는 것이다.

기준 세우기

회장님의 인재상이 되었건, 채용담당자의 소신이건 채용 프로세스를 통해서 어떤 사람을 뽑겠다는 기준은 우선 명확해야 한다. 전통적인 교과서에서처럼 직무분석에서 그 기준을 찾든지, 역량모델링을 통해 일 잘하는 사람들의 행동 특성을 요약해서 기준으로 삼든지, 고유의 기업문화나 철학을 중시하는 기업들처럼 핵심 가치를 기준으로 삼든지 하는 다양한 방법이 있지만 최소한 명확한 기준과 목표를 갖고 채용을 시작하는 것이 바람직하다. 앞에서 말했듯이 무엇을 평가할 것인지가 명확해야만 어떤 방법을 사용하는 것이 적절할지를 생산적으로 논의할 수 있게 되기 때문이다.

제2장
평가 체계 설계

 선발 또는 평가의 기준을 정했다면 이제 그 평가하고자 하는 바를 잘 잴 수 있는 도구들을 준비해야 한다. 전형적으로 대기업 공채는 서류 전형 - 인·적성검사 - 1차면접 - 임원면접을 거치게 되는데 각 단계에서 어떤 항목을 어떤 방법으로 평가할 것인지를 정하는 것이 바로 평가 체계 설계다.

설계 원리

 2002년 월드컵의 히딩크 감독은 선수들을 선발하거나 경기에 출전시킬 때 여러 자료를 종합했다. 선수들의 체력을 전문적으로 체크하는 트레이너가 있었고, 멘탈 부분은 아마 한국 선수들의 심리를 잘 아는 박항서 코치의 도움도 많이 받았을 것이다. 대표 선발이건 경기 출장 선수 선발이건 일종의 선발 과정이고, 그 과정에서는 체력, 기술, 근성, 최근의 멘탈, 전술 이해 등 여러 기준들을 적용한 평가가 이뤄졌을 것이다.
 여기서 각 요소 평가 담당자의 역할을 잘 음미해 보자. 만약 체력 담당

관도 종합적 판단을 하고, 박항서 코치도 종합적 판단만 내리려 한다면 히딩크의 최종 판단은 합리적인 판단이 되지 못했을 것이다.

마찬가지 원리가 채용 선발과정의 평가에도 적용될 수 있다. 부분적 자료를 갖고 하는 서류 전형에서도 종합 판단을 하고, 면접 중 일부인 PT 면접이나 역량 면접에서도 종합 판단을 하면 결국 아무 것도 제대로 보지 못하는 주먹구구식 의사결정이 나올 수밖에 없다. 전통적인 비구조화된 평가 체계를 운영하는 선발 과정은 이런 결과를 피할 수 없다. 합리적인 의사결정을 하기 위해서는 각 전형 단계에서 평가위원들이 본연의 역할에 충실하게 일부 평가 항목에만 초점을 맞춰서 맡은 바를 세밀하고 정확하게 평가하는 데 역점을 두어야 한다. 그래야만 최종적으로 임원면접에서 여러 자료를 종합해서 제대로 된 의사결정을 내릴 수 있는 것이다.

합리적인 의사결정을 위한 선발 시스템의 한 예를 다음 표에서 볼 수 있다.

	서류 전형		인·적성검사		실무면접		임원면접
	역량기반 지원서	바이오 데이터	적성 검사	인성 검사	역량 면접	PT 면접	
분석적 사고	○		○			○	종합 판단
성취의욕	○			○	○		
설득력				○		○	
스트레스 내성	○			○	○		
정직				○	○		

앞의 표에서 보듯이 가능한 한 모든 평가 항목에 대해서 두 번 이상 평가가 이뤄지도록 하는 것이 바람직하다. 반복 측정을 통해서 보다 정확한 평가를 하자는 취지다. 그리고 특히 면접의 경우에 복수의 방법, 복수의 평가자(multi-method, multi-rater) 원리를 적용하는 것이 중요하다. 한 가지 방식으로 특성을 평가하기보다는 두 가지 이상의 다양한 방법으로 평가하는 것이 낫다. 그리고 동일한 면접위원 네 명이 역량 면접과 PT 면접을 진행하는 것보다는 두 사람씩 각각 면접을 나눠 맡는 것이 더 낫다. 그리고, 임원면접의 경우 역할을 정하기가 매우 어려운데, 자세한 내용은 면접 편에서 다루기로 하겠다.

평가 도구의 순서는 비용이 적게 들고, 타당도가 상대적으로 낮은 도구를 먼저 사용하는 것이 바람직하다. 타당도가 낮다는 것은 재려고 하는 바를 제대로 재지 못한다는 것이며 측정의 목적을 제대로 이뤄내지 못하고 있다는 것이다. 쉽게 말해서 정확도가 떨어진다는 것인데, 타당도가 높은지 낮은지를 판단하는 기준은 대개 직무 수행을 얼마나 잘 예측하느냐로 따진다. 다양한 직무 수행 지표와 평가 도구 점수의 상관 계수가 대표적인 타당도 지표가 된다.

여러 연구들을 종합한 메타분석 연구들도 결과가 다양한데 대표적인 결과들을 다음에 제시한다.

평가 도구	타당도
작업표본검사	.54
일반 지적 능력 검사	.51
구조화 면접	.51
직무 지식 검사	.48
정직성 검사	.41
비구조화 면접	.38
평가 센터	.37
바이오데이터	.35
성실성 검사	.31
평판 조회	.26

Schmidt & Hunter, 1998

평가 도구	타당도
인지능력과 정직성	.65
인지능력과 구조화 면접	.63
작업표본 검사	.54
인지적 검사(적성검사)	.51
구조화 면접	.51
인성검사	.40
평가센터	.37
바이오데이터	.35
평판 조회	.26

Robertson & Smith, 2001

평가 도구	타당도
구조화 면접	.6
작업표본 검사	.5
적성검사	.5
평가센터	.4
바이오데이터	.4
인성검사	.4
비구조화 면접	.3
평판 조회	.1

Rees & French, 2010

크게 종합해 보면 대개 구조화 면접과 지적 능력을 재는 적성검사가 예측력이 좋은 것으로 나타난다. 단일 요인으로 보자면 적성검사가 직무 수행을 예측하는 가장 강력한 요소라는 것이 대부분의 연구 결과다. 그 다음으로는 평가센터와 인성검사가 비슷한 정도의 타당도를 보이고 있다. 바이오데이터와 서류 전형의 타당도는 상대적으로 낮은 편인데, 최근 연구로는 바이오데이터의 타당도가 상승하고 있는 점이 눈에 띈다. 구조화되지 않은 전통적 면접은 연구마다 타당도 편차가 크게 나타나고 있다.

타당도 분석 - "자체적으로 해 봤는데 유의미한 상관이 안 나오던데요"

하지만, 앞에서 본 연구 결과와 같은 환상적인 상관계수를 우리나라 기업 현실에서 보기는 쉽지 않다. 실제로 기업에서 활용하는 대표적인 성과 지표인 인사고과와 적성검사의 상관계수를 실제로 산출해 보면 0.1~0.2 정도에 그칠 수 있다. 그렇다면, 적성검사가 직무 수행을 가장 잘 예측한다는 얘기는 한낱 사기인가?

꼭 그렇지는 않은 듯하다. 상관 계수가 낮게 나오는 이유 중 하나는 인사 고과가 그리 좋은 준거 자료가 아니라는 점이다. 산업심리학 교과서들을 보면 "좋은 준거의 중요성"을 누누이 강조하고 있는데, 현실적으로 자기 회사의 인사 고과를 믿을 만하다고 자부하는 회사가 거의 없는 듯하다. 실제로 인사 고과 자료 자체를 분석해 보면 입사 1년차 때는 바닥을 깔고 4-5년 지나 대리 승진할 때 되면 최고가 되었다가 승진 직후에는 다시 바닥권으로 가는 경향을 보이는 경우가 많다. 그래서 입사 연도를 통제하고 고과 점수를 분석하는 방법을 쓸 수도 있다. 구체적으로 말한다면, 1년차 때 고과, 2년차 때 고과, 3년차 때 고과 이런 식으로 고과 점수를 연차별로 다시 정리해서 상관계수를 산출해 보는 것도 한 가지 방법이다.

퇴사 여부를 준거로 할 경우에도 주의가 필요하다. 예를 들어서 인성 검사 결과와 퇴사 여부를 분석한다면, 그냥 전체 자료를 갖고 분석할 때는 별 의미 있는 결과가 없지만, 퇴직 이유를 세분화해서 부적응 퇴사자만 따로 분석할 경우 유의미한 결과를 발견할 수도 있다.

신입 사원을 대상으로 한 타당도 조사에서는 고과 외에 대리 승진 여부나 최초 승진 기간도 의미 있는 준거가 될 수 있다. 대개 빨리 승진하는 사람은 동기들 중에 그래도 나은 쪽일 가능성이 높기 때문이다. 물론 팀 구성, 이전 직장 경험, 나이 등의 요소가 작용할 소지는 여전히 남아 있지만, 의미 있는 결과를 줄 가능성이 있다. 좋은 준거를 얻는 가장 좋은 방법은 - 글로벌 기업들도 자기들 고과 점수를 못 믿는 경향은 거의 마찬가지여서 타당도 조사를 할 때는 대개 이렇게 하는데 - 다면평가를 재실시해서 자료를 수집하는 방법이다. 다면평가의 내용을 무엇으로 할 것인가 하는 것도 또 논의가 될 수 있는데, 회사마다 직무마다 다르겠지만 일반적으로 직무 수행의 큰 세 차원, 즉 과제 수행(task performance), 조직시민행동(OCB, Organizational Citizenship Behavior), 비생산적 업무행동(CWB, Counterproductive Workplace Behavior)를 측정하는 문항들로 구성하는 것이 바람직하다. 물론 다면평가를 한다 하더라도 관대화 경향이 심한 조직에서는 의미 있는 자료를 얻지 못할 수 있다. 관대화 경향을 극복하기 위해 조금 복잡하기는 하지만 부분적 입서티브(partial ipsative) 방식의 다면평가를 도입하는 방안도 고려할 수 있다. 이 방법을 쓴다면 관대화 경향을 현저하게 막을 수 있는 가능성이 여러 연구에서 시사되고 있다.

그리고 고용 브랜드가 좋은 회사일수록 적성검사와 직무 수행과의 상관계수가 낮게 나올 가능성이 높은데 이는 '천정 효과(ceiling effect)'의 영향이 강한 것으로 설명할 수 있다. 예를 들어서 설명하자면, 일반적으로 지능지수와 학업성적의 상관계수가 0.5 내외라고 알려져 있는데 우리나라에서 공부 제일 잘 하는 대학들만 대상으로 해서 지능지수와 학업성적의 상관계수를 내 보면 훨씬 낮은 상관계수를 보이는 것과 비슷한 이치라고 할 수 있다. 다시 말해서 워낙 똑똑하고 적성검사 점수가 높은 사람들만 선발하게 되면 상관 계수가 낮게 나올 수밖에 없다는 것이다.

> 타당도 연구를 하려면 좋은 준거를 확보해야 하고, 천정 효과를 고려해야 하며, 상관계수의 축소를 보완해서 재분석해야 한다.

이럴 경우 가상적으로 적성검사를 응시한 사람들이 모두 입사했다고 가정하고 그들의 가상적인 직무 수행 자료를 추정하고 상관 계수를 다시 추정하는 방식으로 계산해서 교정상관계수를 산출해 보면 조금 다른 그림이 나타나기도 한다.

여기서는 적성검사를 위주로 해서 설명했지만, 다른 평가도구에 대해서도 비슷한 원리를 적용할 수 있다. 우리나라 대기업에서 타당도 연구를 하려면 우선 좋은 준거를 확보해야 하고, 천정 효과를 고려해야 하며, 상관 계수의 축소를 보완해서 재분석해야 제대로 된 결과를 얻을 수 있다.

허들이냐 합산이냐

정식으로 조사해 보지는 않았지만, 취업 사이트에 나타난 자료들을 보면 매우 많은 회사들이 각 전형 단계를 허들처럼 지나가게 하고 있다. 다시 말해서 한 단계를 통과하면 이후 단계에서는 앞 단계의 점수가 아무 영향을 미치지 않도록 해서 새롭게 평가를 하고 있다. 예를 들어서 서류 전형을 통과한 사람 정도라면 1등으로 통과했건 꼴찌로 통과했건 직무 수행에 있어서 별 차이가 없으리라는 가정을 하고 있는 것이다. 그림으로 그리자면 이런 모양이다.

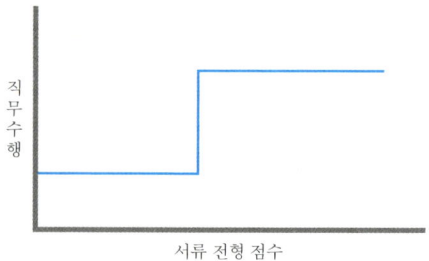

그러나 일반적으로는, 비록 상관 계수의 크기는 작더라도, 서류 전형 점수와 직무 수행 간에는 다음과 같은 선형적 관계를 가정하는 것이 합리적일 것이다.

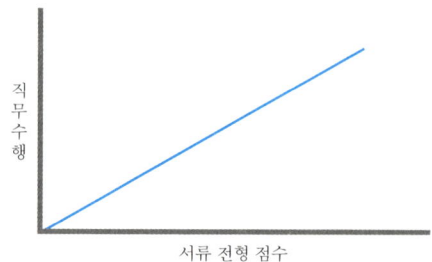

이런 관계가 합리적이라고 가정한다면, 다시 말해서 진실에 보다 가깝다고 가정한다면, 서류 전형 점수가 조금이라도 높은 사람이 조금이라도 나은 직무 수행을 보일 가능성이 높다고 보는 것이 또한 합리적일 것이다. 물론 서류 전형 점수보다는 인·적성검사 결과를 더 비중 있게 반영한다든가, 회사가 중시하는 특정한 면접 점수에 비중을 아주 많이 준다든가 하는 변형은 가능하겠지만, 정보로서 가치가 있는 점수들을 버리고 전형을 하는 것은 많이 안타까워 보인다. 여러 라운드의 점수를 합산해서는 실력으로 최강자인 한국 양궁을 꺾을 수 없었기에, 조금이라도 우연의 요소를 가미해서 한국 우승의 가능성을 낮추기 위해 매 라운드 새로 점수를 매기는 방식을 세계 양궁계가 도입한 점을 생각해 본다면, 실력 있는 지원자를 선발하기 위해서는 매번 새로 점수와 등수를 매기기보다는 각 전형 단계의 점수를 어떻게 합리적으로 조합해서 선발할 것인가를 고민하는 것이 합리적일 것이라 생각해 본다. 이 때 상대적 비중은 일반적으로 타당도 계수에 의해 정하는 것이 좋은데, 회사가 전략적으로 중요하게 생각하는 요소나 도구가 있다면 그 쪽에 좀 더 비중을 많이 주면 될 것이다.

제 II 부

채용의 나무

제3장

서류 전형

전통적 자기소개서

지원동기, 성장배경, 성격상의 장단점, 입사 후 포부 등을 쓰게 하는 지원서는 오래 전부터 사용돼 왔다. 이런 지원서들은 사실 누가 보아도 "채점하기 어렵다, 막막하다"는 말을 하게 된다. 요즘은 이런 식의 전통적 자기소개서를 사용하는 회사들이 현저히 줄어들고 있으며, 사용한다 해도 배점을 매우 제한하고 있다. 이유는 여러 가지가 있겠지만, ① 합리적인 채점 기준을 만들기 어렵고, ② 지원자들의 응답이 천편일률적이어서 변별력이 떨어지고, ③ 일일이 읽어가면서 채점하기에는 너무 많은 지원자가 몰리기 때문에 현실적으로 채점할 시간이 모자라는 점 등이 대표적인 이유라 할 수 있다.

그럼에도 불구하고 몇몇 문항을 지원서에 넣어서 서류 전형에 반영하는 회사들이 있긴 있다. 세간의 취업 컨설턴트들 중에는 자기소개서 작성에 있어서 어법, 맞춤법, 논리성 등을 매우 강조하는 사람도 있는 듯한데, 실제 서류 전형 평가에서 이런 요소들을 아주 중요하게 보는 회사는 그리 많지 않은 것으로 알고 있다. 각 질문마다 몇몇 포인트를 두고 간단하게 채점하는 것이 현실인 듯하다. 본서의 취지에 딱히 맞는 것은 아니지만, 그래도 이런 식의 지원서를 고집하는 임원이나 최고경영진을 둔 인사담당자를 위해 몇 가지 평가의 착안점만을 적시하기로 하겠다. 하지만, 이런 전통적 자기소개서는 너무 노출이 많이 되어 있어서 타당한 평가를 하기에는 한계가 있다는 점은 분명하다.

지원동기를 묻는 질문에서 전통적인 평가 착안점은 회사를 위한 동기가 얼마나 강하게 표출되어 있는가 하는 점이다. 연봉이 센 회사로 알려져 있어서, 복리후생이 좋아서, 기업문화가 좋아서 등 자기에게 직접적으로 이익이 되는 면이 강조되어 있다면 가장 낮은 점수를 주고, 자기 발전을 위해서라든지 업무 능력을 신장시키기 위해서 등 능력을 키우는 면이 강조된다면 중간 정도 점수를 준다. 가장 높은 점수를 받는 것은 회사에 어떤 점에서 얼마나 기여하겠다는 계획이나 동기가 강하고 구체적으로 드러나 있을 경우다.

입사 후 포부는 지원동기와 유사한 면이 있다. 일반적으로 회사에서는 경제적인 또는 심리적 이익, 자기발전이나 자아실현, 이런 것보다는 회사를 키우는 데 어떤 방식으로 어떻게 기여하고자 하는지를 강조하는 답을 선호한다.

또한 실제 채점자들을 보면 지원자들의 포부가 얼마나 원대한가 하는 점보다는 얼마나 현실적인가에 초점을 맞추고 평가하는데, 그러면서도 평범한 회사원으로 조용히 기여하고 싶다는 식의 진술은 너무 소극적으로 평가하는 경향이 있다.

성장배경은 훈련을 받은 심리학자라면 특정한 관점에서 제한적으로 어느 정도 평가가 가능하겠지만, 사실 웬만해서는 객관적인 평가 기준을 만들기도 곤란한 영역이다. 현재의 지원자를 있게 한 배경을 파악하겠다는 것이 이 질문의 취지인 듯한데, 지원자에게 자유롭게 기술하게 하고 성취지향성, 회복탄력성, 리더십, 책임감, 자기관리 능력 등 회사가 원하는 인재상 관점에서 평가할 가능성은 있다. 그러나 질문 자체가 너무나도 광범위한 답을 요구하고 있기 때문에 특정한 평가 기준에 따라 평가한다면 불공정한 평가가 되고 말 가능성이 크다.

성격상의 장단점을 쓰라고 요구하는 경우도 꽤 있다. 이 항목에 대한 채용 컨설턴트들의 조언은 장점만 평가하라는 것이다. 특히 장점을 평가할 때 구체적 사례를 들어서 장점을 설명하고 있는지 살피고, 사례에 지원자의 구체적인 행동들이 명시되어 있으면 그 장점을 갖고 있는 것으로 인정하라고 권고한다. 다만, 지원자가 제시하는 장점 자체가 회사에서 필요로 하는 것인지, 얼마나 중요한 것인지는 평가자가 다시 한 번 판단을 해야 한다.

> 전통적 자기소개서는 평가 기준이 객관적이지 않고 너무 노출이 많이 되어 있어서 타당한 평가를 하기에는 한계가 있다.

단점은 평가하지 말라고 권하고 있는데, 그 이유는 많은 취업 컨설턴트들이 단점을 쓸 때는 장점이 지나친 것이 단점이라고 쓰게 하거나, 단점 같지 않은 단점을 쓰라고 가르치고 있고 실제로 많은 지원자들이 그렇게 쓰고 있기 때문이다. 예를 들어서 "책임감이 너무 강해서 남에게 일을 잘 맡기지 못하고 본인이 꼼꼼하게 챙기는 경향이 있다"라든지 "완벽주의적 경향 때문에 마감 시간에 아슬아슬하게 맞추는 경우가 잦다"는 식이다.

전통적인 자기소개서는 지원자마다 소재는 각양각색이면서도 말하고자 하는 바에서는 천편일률적인 면도 있는 아이러니한 평가 도구다. 노출도 많이 되어 있고, 지원자 입장에서는 연습하고 다듬을 기회도 많아서 평가자 입장에서는 가장 난감한 도구이기도 하다. 면접에서 묻는다면 소위 순발력이라도 평가를 하련만, 인터넷 사이트에 올려놓고 '칼질'을 받아서 제출하기도 하니 말이다. 그래서 기업 입장에서는 전통적 자기소개서를 개선할 방도를 찾았는데, 그 한 가지 길을 다음에 설명한다.

역량기반 지원서

역량기반 채용 프로세스에서 걸러내기(screening)는 역량기반 지원서로 시작한다. 그 평가 기준은 당연히 역량이다. 지원서 항목을 역량에 맞춰서 설계하는 것이다. 물론 평가하려는 역량의 개수가 많을 경우 모든 역량을 지원서 단계에서 평가하려면 어마어마한 시간이 소요되기 때문에 그렇게 할 수는 없다. 그래서 지원서 형식에서도 잘 평가할 수 있는 몇 가지 역량을 선정해서 그 역량을 잘 측정하도록 문제를 꾸미게 된다.

기본 원리

역량기반 지원서나 역량기반 면접이나 역량기반 채용 프로세스에서 쓰이는 평가도구의 기본 원리는 "미래 행동을 가장 잘 예측하는 것은 과거 행동"이라는 원리다. 축구 국가대표 스트라이커를 선발하려면 최근 골을 가장 잘 넣는 선수를 뽑는 것이 가장 합리적이다.

마찬가지로 책임감 있는 직원을 선발하려면 최근에 책임감 있는 행동을 많이 보인 지원자를 선발해야 할 것이고, 남들을 잘 설득하는 직원을 선발하려면 근래에 설득하는 일을 잘 해낸 직원을 선발하는 것이 좋을 것이다. 물론 최근에 그런 행동을 할 기회가 없던 사람에게는 불리한 방식일 수도 있다. 그런 염려를 줄이려면 다른 면접 방식, 예를 들어서 Job Simulation에서 행동의 기회를 주고 평가하도록 과정을 설계하면 된다. 어쨌거나 최근에 특정한 행동을 잘 보이는 사람은 입사 후에도 비슷한 행동을 보일 것으로 기대할 수 있다.

이런 행동의 일관성 내지 지속성에 대한 기대는 여러 가지 증거에서 확인될 수 있다. 대표적인 것은 천재성을 가진 문제성 운동 선수들이다. 축구, 야구, 농구 등 각 종목에 천재성을 갖고 있지만, 훈련을 이탈하거나 팬을 폭행하거나 하는 바람직하지 않은 행동을 반복하는 선수들이 있다. 대개 한 번 문제를 일으킨 선수가 몇 년 간격으로 유사한 문제를 일으키는 것을 볼 수 있다. 또는 성실성, 외향성, 친화성, 개방성 등 여러 성격 특성들이 일생을 통해서 얼마나 유지되는가를 탐구한 연구 결과들도 같은 가설을 지지한다. 직관적으로 호소하자면, 지원서 평가자들이나 면접위원들을 교육할 때 고등학교 동창들을 떠올려 보라고 한다. 고등학교 다닐 때하고 졸업한지 15~20년이 지난 지금 그 친구들의 성격이 변한 부분이 더 많은지 아직도 그대로인 부분이 더 많은지 질문해 보면 다들 그대로라는 답이 대부분이다. 물론 극적인 변화를 겪은 몇몇 친구들은 꼭 예외적으로 있긴 하다.

역량기반 지원서 설계

이런 원리에 입각해서 역량기반 지원서에서는 회사가 필요로 하는 역량의 행동지표에 담긴 행동들을 지원자가 최근에 얼마나 많이, 강하게 했는지를 알고 싶어한다.

예를 들어서 조직헌신을 중요하게 생각하는 회사에서는 "최근 3년 이내에 자신이 몸 담은 조직에 가장 크게 기여한 바가 무엇인지, 본인의 어떤 행동을 통해서 조직에 기여했는지 구체적으로 쓰시오" 하는 문제를 낼 수 있다. 또는 유연한 적응력을 보려는 회사에서는 "자기 나름의 강한 소신을 갖고 있었으나 이를 굽히고 적응한 경험을 쓰시오"라는 문제를 만들 수도 있고, 강한 추진력을 중시하는 회사에서는 "반대를 무릅쓰고 자신의 방침을 관철한 경험을 쓰시오"라는 문제를 낼 수도 있다. 물론 앞의 예들은 어떤 역량을 평가하는지 비교적 투명하게 보여 주는 예들이고, 어떤 역량을 평가하는지 아리송하게 만드는 경우도 있다.

역량기반 지원서가 실제 사용되는 사례들을 보면 지시문을 얼마나 구체적으로 주느냐에 따라서 대략 세 가지 수준으로 구분할 수 있다. 단순형, 중간형, 상세형이라고 각각 부를 수 있는데 예를 들자면 다음과 같다.

형식	지시문 예
단순형	최근 3년 이내에 자신이 몸 담은 조직에 가장 크게 기여한 바가 무엇인지, 본인의 어떤 행동을 통해서 조직에 기여했는지 구체적으로 쓰시오.
중간형	최근 3년 이내에 자신이 몸 담은 조직에 가장 크게 기여한 바가 무엇인지 쓰되, a) 조직의 이름과 소속 기간, 조직 개요, b) 자신이 기여한 점, 투입한 노력, c) 기여의 결과, 자신이 배운 점 등이 포함되도록 하시오.
상세형	최근 3년 이내에 자신이 몸 담은 조직에 가장 기여한 바가 무엇인지 다음 질문에 따라 구체적으로 쓰시오. a) 조직의 이름은 무엇이었습니까? b) 조직에는 언제 어떤 경위로 가입하게 되었습니까? c) 조직의 목적, 활동 내용, 구성원의 수를 기술하십시오. d) 조직 관점에서 최근 동향이나 이슈를 간략히 언급하십시오. e) 본인이 해결해야 했던 문제는 무엇이었습니까? f) 문제를 해결하기 위해 함께 했던 사람들은 어떤 사람들이었습니까? 어떤 자원을 활용했습니까? g) 본인이 구체적으로 활동한 바, 노력한 바는 무엇이었습니까? h) 본인의 활동은 조직에 어떤 결과를 낳았습니까? 조직구성원, 주위 사람들에게는 어떤 영향을 미쳤습니까? i) 본인이 느낀 점, 배운 점은 무엇입니까? 다음에 유사한 상황에 처한다면 어떤 점을 개선하겠습니까?

위 세 가지 형태 중에 단순형은 지원자가 구체적으로 쓰지 않을 위험이 있고, 상세형은 지원자에게 너무 많은 힌트를 주는 단점이 있다. 따라서 현실적으로는 중간형 정도로 제시하는 것이 채점을 위해서는 가장 무난할 것으로 예상된다.

역량기반 지원서 평가

역량기반 지원서를 평가할 때는 역량 사전을 기준으로 하는 것이 기본이다. 전형적인 역량 사전은 역량의 정의와 행동지표를 반드시 포함하고 있다. 많이 쓰이는 평가 방법은 BARS(행위평정척도법, Behaviorally Anchored Rating Scale)와 BOS(행위관찰척도, Behavioral Observation Scale) 방법이다. 쉽게 말해서 BARS는 행동의 수준을 위주로 평가하고, BOS는 관찰 행동의 빈도를 위주로 평가한다. BARS 형식으로 고객 서비스를 평가하자면 다음과 같은 기준표를 사용할 수 있다.

평가	수준	행동
탁월	5	상품을 설명하는 데 긍정적인 표현을 사용한다.
보통	4	고객이 질문할 때 추가적으로 유관한 정보를 제공한다.
	3	고객이 요청한 상품이 없을 때 대안이 될 상품을 추천한다.
	2	상품에 재고가 없다고 해서 고객을 돌려 보낸다.
미흡	1	주문한 제품의 적합성에 대해서 고객과 말다툼을 한다.

이런 식으로 개별 역량의 수준별로 특성이나 대표적인 행동지표들을 정의하는 방법이다. 수준별 정의가 명확하고 평가자의 주관을 배제할 가능성이 높지만, 개발이 어렵고 특히 역량의 다양한 차원을 반영하기 어려운 단점이 있다.

BOS에서는 역량의 다양한 측면에 대한 행동지표를 모은 후, 지원서에 그런 행동들이 어느 정도 빈도로 나타나는지를 평가한다. BARS보다 만들기 쉽고, 적용하기 쉬운 편이지만, 평가자의 주관성이 개입할 여지가 많고, 빈도가 많으면 과연 그 역량을 잘 갖추었다고 볼 수 있는가 하는 반대에 부딪칠 수 있다.

　실제 역량기반 지원서 평가에는 사실 회사의 지원자 집단이 어느 정도의 경험 수준을 갖고 오는지가 매우 중요하다. 고용 브랜드가 아주 높은 회사의 지원서 내용에는 글로벌 기업에서의 인턴 경험이라든지, 특허 몇 개를 출원한 경험이라든지, 벤처 창업을 해서 꽤 큰 월 매출을 올린 경험 등을 기술하는 경우도 많을 수 있다. 이에 비해서 고용 브랜드가 낮은 회사의 경우는 그런 특출한 경험을 가진 지원자들의 이야기는 찾아보기 어려울 것이다. 그래서 회사에 맞는 채점 기준을 세우기 위해서는 접수된 지원서 가운데 적당량을 무작위로 추출(random sampling)해서 미리 채점해 보고 그에 따라 기준을 세우는 것이 좋다. 타사 기준을 그대로 적용했다가는 평가 결과가 너무 관대해지거나 너무 엄격해질 우려가 있다.

　BARS를 적용하든, BOS를 적용하든 실제 평가에서는 지원서 한 장 당 두 사람 또는 세 사람 정도가 평가할 것을 권고한다. 두세 사람이 평가를 한 후 평가 결과를 서로 비교해 보고 갭이 클 경우 무조건 중간으로 정하는 것이 아니라 각자가 평가한 근거를 충분히 공유하고 최종 조정을 하게 한다. 그렇게 해서 객관성과 신뢰성을 확보하는 것이다.

　평가자 교육에서는 또 지원서에 진술된 사실, 지원자의 행동이 가장 중요한 평가 대상이지 글 솜씨의 영향을 받지 않도록 교육할 필요가 있다. 최근 경험일수록 역량의 증거로서의 가치를 높게 평가할 수 있는데, 너무 오래 된 어린 시절 경험이나, 상황의 압박이 워낙 강해서 증거로서의 가치가 의심스러운 군대 생활 경험은 역량의 좋은 증거가 될 수 없다. 다이어트 경험이나 고산지대 종주 등 육체적인 도전 경험은 회사 업무와의 유관성이 떨어지기 때문에 대체로 최고 등급으로 평가하기 어렵다.

그리고 또 실제 평가를 해 보면 도덕성, 정직성이나 팀워크, 조직헌신 등은 역량기반 지원서로 평가하기가 쉽지 않을 것으로 보인다. 비슷비슷한 경험들을 많이 쓰기도 하거니와 인위적으로 정보를 조작한 듯한 흔적도 많이 나타날 수 있다. 따라서 위의 역량은 지원서를 갖고 평가하기보다는 인성검사 등 다른 도구를 써서 평가하는 것이 더 바람직해 보인다.

역량기반 지원서를 평가한 후에는 각 역량의 점수를 합산해서 순위를 매기고 고득점자 순으로 서류 전형을 합격시키는 방법을 택할 수 있다. 그러나 지원서의 양이 아주 많다면 즉시 탈락 기법(immediate discard technique)을 쓰는 것이 효율적이다. 어떤 한 역량에서라도 과락이 있으면 바로 탈락시키는 방법을 의미한다. 어느 수준을 과락으로 할 것인지, 또는 몇 개 역량에서 과락이면 바로 탈락을 시킬지를 결정할 때는 경쟁률을 고려하는 것이 좋다. 지원서 평가에서 많은 지원자를 탈락시켜야 할수록 더 엄격한 기준을 적용할 수 있다.

다음은 성과지향 역량을 역량기반 지원서에서 어떻게 평가하는지를 가상적으로 구성한 사례이다. 예를 들어서 지원서상에 질문을 다음과 같이 제시할 수 있다.

지금까지 살아오면서 가장 어렵고 힘들었던 일에 도전해본 경험을 떠올러 그 당시의 구체적인 상황, 가장 어려웠던 점과 이를 극복하기 위해 했던 본인의 행동, 결과 등을 가능한 한 자세하게 기술해 주십시오(1,000자 이내).

이 질문에 대해서 지원자가 다음과 같은 경험을 기술했다고 가정해 보자.

저에게 가장 도전적인 경험은 영국 어학연수 6개월을 다녀온 일입니다. 당시 저는 군대를 막 제대했기 때문에 토익 600도 안될 정도로 영어 실력이 매우 부족했으며, 집안 형편도 좋지 못해서 어학연수는 쉽게 할 수 있는 도전이 아니었습니다.

하지만 저는 제가 꿈꾸는 미래를 위해 닥치는 대로 3개월 동안 아르바이트를 해서 어학연수 비용을 스스로 마련했습니다. 어학연수를 떠나기 전 저는 6개월 뒤 토익 900점 이상, 외국 친구 10명 이상 만들기라는 목표를 설정했습니다. 저는 영국에 도착하자마자 밤에 수강할 수 있는 어학연수 프로그램을 신청했습니다.

왜냐면 낮에는 아르바이트를 하면서 다양한 사람들과 만나면서 자연스럽게 영어 실력 및 다문화 이해 능력을 향상시킬 수 있을 것이라고 생각했기 때문입니다.

사실 어학연수 프로그램만 수강하는 친구들이 부럽고 육체적으로 많이 힘들었지만, 처음에 계획했던 목표들이 달성해 가는 모습이 보여 1분 1초도 소홀히 하지 않고 이겨냈습니다. 영어를 잘 하지 못하는 제가 외국 친구들과 친해지는 것은 쉬운 일이 아니었습니다.

처음엔 영어로 말한다는 것 자체가 쑥스럽고 제대로 언어소통을 할 수 있을까 걱정했지만 그러한 생각이 들수록 자신감을 갖고 더더욱 먼저 다가가 친해지기 위해 노력했습니다. 결국 저는 6개월 동안 영어 실력이 전보다 정말 많이 향상되었으며, 지금도 페이스북을 통해 연락하는 외국인 친구가 10명 이상 있습니다.

어학연수를 통해 무엇보다 노력하면 어떤 일도 할 수 있다는 자신감을 갖게 되었다는 것이 가장 큰 보람이라고 생각합니다.

이럴 경우 채점은 아래 표처럼 진행할 수 있다.

평가 준거	점수(2/1/0)	이유
도전적 목표 추구	1	어학연수라는 목표 수준이 평이하고, 어학연수를 경험한 다른 지원자와 차별되는 도전적 상황이 제시되어 있지 않음
한계 극복 의지	1	노력의 정도가 일반적이고 결과에 대한 구체적 행동 준거가 미흡함

앞에서도 언급했듯이 실제 평가 점수는 각 회사 또는 지원 분야에 따라 달라질 수 있다. 그렇기 때문에 평가자들이 모두 참여하는 워크숍을 통해 평가의 눈높이를 맞춘 후, 개별 지원서에 대해서 복수의 평가자가 평가하며 평가 결과를 조율하는 과정을 거칠 필요가 있다.

역량기반 지원서 FAQs

교육 장면에서 자주 나올 만한 질문들이 몇 가지 있다. 첫째는 입사한 지 오래 되신 분들이 주로 할 수 있는 질문인데, 주로 대학생들인 지원자들이 무슨 다양한 경험을 갖고 있느냐는 것이다. 하지만 요즘 지원자들의 경험은 20여 년 전 오늘날 부장 또는 임원 분들이 대학생활을 하실 때

와는 판이하게 다르다. 취업 동아리에 올리는 지원자들의 경험들만 살펴 보아도 동아리 활동, 다양한 아르바이트를 비롯해서, 취업 스펙을 쌓느라 참여한 공모전, 봉사 활동, 인턴십 경험 등 다양한 경험을 갖고 있으며, 심지어는 다른 회사에 재직 중이면서 실질적인 이직을 원하는 지원자도 매우 많다. 최근의 신입 사원 선발을 보면 1~2년 정도 타사 경력을 가진 지원자들이 최종 합격하는 비율이 점점 높아져 가는 듯하다.

그 다음으로 많이 나올 수 있는 질문은 지원자가 쓴 내용이 거짓말인지 어떻게 아느냐, 거짓말이면 어떻게 하느냐 하는 것이다. 사실 거짓말인지 아닌지 알 수 있는 뾰족한 방법은 없어 보인다. 외국 사례의 경우 역량기반 지원서 내용을 확인해 줄 관계자 전화번호나 연락처를 명기하도록 요구하기도 하지만, 국내 기업의 지원서 양식을 볼 때 대졸 공채에서 그렇게 요구하는 경우는 거의 없다. 너무 황당한 사례가 아니면 일단 진실이라고 가정하고 평가를 할 수밖에 없다. 사실 따지고 보면 지원서에 쓰는 어떤 항목도 진실인지 거짓말인지 바로 확인할 수는 없다는 점에서는 모두 똑같다. 어쨌든 이런 이유로 면접에서 지원서 내용을 심층 점검하는 회사들을 벤치마킹할 필요가 있다.

마지막으로 역량기반 지원서 평가가 결국 글 솜씨의 영향을 받을 수밖에 없지 않느냐는 질문을 생각할 수 있다. 반대로, 글 솜씨의 영향을 전혀 받지 않는 자기소개서 평가나 지원서 평가가 가능할까 싶다. 나아가, 말 솜씨의 영향을 전혀 받지 않는 면대면 면접 평가가 가능할까 싶기도 하다. 하지만, 평가 기준을 잘 설계하고 평가자 교육을 잘 실시한다면 글 솜씨나 말 솜씨보다는 해당 역량의 본질적 크기가 평가 결과에 더 많이 반영되도록 얼마든지 할 수 있다고 본다. 그것은 방법의 문제가 아니라 평가자가 어디에 주목하고 무엇을 기준으로 평가하느냐에 달려 있기 때문이다.

바이오데이터 - 서류 전형의 획기적 개선

구글의 서류 전형 혁신

2006년 구글에서 일하는 전 직원에게 300여 문항에 이르는 설문에 응답하라는 지시가 내려졌다. "고등학교 때 클럽을 창립한 경험이 있는가?" "어떤 애완 동물을 키우고 있는가?" 다룰 줄 아는 프로그래밍 언어는?"등 다양한 질문들로 구성된 설문이었다. 구글은 5개월 동안 설문 조사를 실시했으며, 직원들의 응답 결과를 25가지 직무 수행 변수와 관련시켜 분석했다. 이 직무 수행 변수 중에는 일을 얼마나 잘 하는가 하는 차원과 관련된 것 말고도 조직시민행동과 관련된 변수도 있었다. 이런 작업을 통해 엔지니어링, 판매, 재무, 인사 등 각 분야에서 의미 있게 나타난 몇 개 문항들을 추려낼 수 있었다. 당시 1주일에 100명씩 채용해야만 했던 구글로서는 서류 전형을 효율화할 필요가 절실했다. 이런 방식을 전세계에 확산해서 아시아, 유럽 등 다른 지역에서도 적용 범위를 확대했다.

알고 보면 이 혁신은 구글만의 독창적인 아이디어에서 비롯된 것이 아니다. 개인의 생활사(life history)와 관련된 질문들을 제시하고 여러 업무 성과 지표와 연결시키려는 시도는 인사 관리에 과학적 기법이 적용되기 시작한 20세기 초부터 있어 왔다. 구글은 이 방법을 IT 사회의 컨텍스트에서 요란하게 세상에 알리면서 진행했기 때문에 마치 선구적인 회사인 양 여겨지는 면이 있다. 참고로 2006년 당시 약 4%의 회사가 바이오데이터를 선발에 활용하고 있었는데 몇 년 후 조사에서는 바이오데이터 활용 회사가 순식간에 8%로 급증하는 데 구글이 기여한 것은 분명해 보인다.

서류 전형의 계량화 - 바이오데이터의 시작

'바이오데이터'라고 하니까 무슨 생물학적 데이터와 관련된 것 아닌가 하는 생각을 하는 사람이 많다. 'biographical data'를 줄인 말인데, 쉽게 생각하면 'life history data'라고 보면 좋다. 채용 예정 인원 대비 너무 지원서가 많이 쏟아지는, 고용 브랜드가 좋은 기업이나 초기 이직률이 높은 직종, 특정한 시점에서의 정착률이 중요한 직종에서 유용하게 활용할 수 있는 도구다.

바이오데이터는 서류 전형을 계량화해서 직무수행을 예측하려는 도구로서 현재까지 알려진 바로는 특히 이직률, 승진가능성, 판매 성과, 재직 기간, 직장내 절도 등을 비교적 성공적으로 예측할 수 있다.

1922년에 골드스미스(Goldsmith)는 생명보험 판매 성과를 예측하기 위해 우수판매자, 보통판매자, 하위판매자 각각 50명의 지원서를 분석했다. 그리고 지원서에 나타난 나이, 결혼 상태, 학력, 현 직업, 보험 판매 경험, 클럽 소속, 전업/부업 여부, 본인의 생명보험 가입 여부, 월간 예상 판매액 기입 여부 등에 대해서 다음과 같은 채점 키를 도출해 냈다.

나이	채점	직업	채점
18미만	해당없음	대인관계가 많은 직업	1
18-20	-2	대인관계가 적은 직업	-1
21-22	-1	**가입경험 유무**	**채점**
23-24	0	생명보험 가입	1
25-27	1	생명보험 미가입	-1
28-29	2	**학력**	**채점**
30-40	3	8년	1
41-50	1	10년	2
51-60	0	12년	3
60이상	-1	16년	2
결혼상태	**채점**	**예상판매액 기입여부**	**채점**
결혼	1	월간예상판매액 기입	1
미혼	-1	월간예상판매액 미기입	-1
활동계획	**채점**	**생명보험 판매 경험**	**채점**
전업	2	경험 유	1
부업	-2	경험 무	0

이런 분석 결과에 기초해서 골드스미스(Goldsmith)는 전통적인 지원서를 WAB(Weighted Application Blank)이라는 형식으로 변환시켰다. 전통적인 WAB 방식의 바이오데이터는 지원자의 응답이 어떤 식으로 채점되고 활용되는지 알 수 없기 때문에 과장 반응이나 허위 반응을 하기 어렵다.

이러한 WAB 방식은 1950년대에 제법 널리 보급되었는데 1960년대 이후에는 좀 더 광범위한 인생 경험을 묻는 BQ (biographical questionnaire)들이 나타나기 시작했다. 선택지가 많은 질문들을 사용해서 연구직, 엔지니어, 경찰, 군인들을 선발하는 데 적용되었다. 이후 여러 전문직, 사무직, 판매직, 기능직, 단순직 등 다양한 직종에 적용되었다. 관리직을 대상으로 본격적으로 연구 및 개발이 되기 시작한 것은 1990년대 이후다.

개발 방법: 경험적 접근과 이론적 접근

1970년대 중반까지는 철저하게 경험적 접근이 대세였다. 즉 직무 수행의 특정한 준거에 따라 고성과자와 저성과자를 구별하는 문항들을 골라내는 데에 초점이 맞춰졌다. 경험적 접근에서는 이처럼 문항과 준거와의 관계를 중시하며 정착률(retention rate)이나 직무수행 같은 외적인 준거를 최대한 예측하는 것을 목표로 한다. 문항에서 각 선택지에 대한 우수수행자 집단과 저성과자 집단의 응답 비율 차이에 기초해서 선택지에 가중치를 부여하는 WAB 방식, 각 선택지에 대한 응답을 따로 코딩해서 상관 계수를 산출한 후 상관 계수의 크기와 방향에 따라 가중치를 부여하는 방식 등이 경험적 접근에 속한다.

경험적 접근에서 사용된 문항들이 실제로 직무 수행을 예측은 해내지만, 왜 특정한 준거와 관련이 되는지를 설명하지 못한다는 약점을 지적하면서 이론적 접근이 대두되었다. 구글의 바이오데이터 문항 중에 "지금 키우고 있는 애완동물의 종류는?"이라는 문항이 언론에 공개된 바 있는데, 바이오데이터 개발의 대가 Mumford 교수는 "만약에 고양이를 키우는 것이 직무 성과와 관련이 있다면 왜 성과와 관련이 있는지를 이해

해야 한다"면서 맹목적인 경험적 접근에 대해 경고한 바 있다. 이론적 접근에서는 직무 수행을 예측하는 특정한 이론에 따라서 문항을 개발한다. 한 예로 성취지향성이 직무 수행과 관련이 있다고 보는 개발자라면 성취지향성과 관련한 문항들을 개발하고 요인 분석 등의 통계적 기법을 동원해서 문항의 적절성을 검증한다. 이론적 접근의 지지자들은 이런 방식으로 개발된 바이오데이터 항목은 경험적으로 개발된 것에 비해서 일반화 가능성이 높다고 주장한다. 즉, 한 대기업 집단에서 직무 수행을 예측하도록 설계된 바이오데이터는 다른 대기업 집단에서의 직무 수행을 예측하는 데 적용해도 예측력이 크게 저하되지 않는다는 것이다.

국내 도입 사례

우리나라에서는 특히 보험 분야에 꽤 일찍이 바이오데이터가 적용되었다. 한 예로 1996년도에 보험 판매인 5,922명을 대상으로 65문항으로 구성된 바이오데이터를 적용한 대규모 연구가 보고된 바 있다. 이 연구에서는 경험적 척도화(empirical scaling)에 의해 개발된 전기자료의 타당화 연구를 수행했는데, 특히 WAB기법에 의해 문항 채점을 위한 가중치를 산출했다. 타당도 분석 결과, 전체집단을 기초로 한 가중치는 다소 불안정한 것으로 나타났다. 하지만 전체집단을 고연령층과 저연령층의 하위집단으로 나누어 분석한 결과, 예측타당도가 증가되었으며 가중치도 안정적인 것으로 평가되었다.

국내 대기업 공채에서는 A그룹과 B그룹이 최근 2~3년간 사용해 오고 있는 것으로 알려지고 있으며 C그룹은 간헐적으로 사용해 오고 있다. A

그룹과 B그룹은 입사지원 온라인 접수를 마치면 바로 바이오데이터 사이트로 연결되어 그 문항들에 응답해야 지원이 제대로 완료되도록 하는 프로세스를 운영하고 있다. 아직 많이 쓰이지 않고 있지만, 매우 유용한 기법이므로 점차 사용이 확대될 것으로 예상된다.

예를 들어서 우리나라 대졸 공채에서는 필요에 따라 다음과 같은 문항들을 만들어서 사용할 수 있다.

문항	선택지 1	선택지 2	선택지 3	선택지 4	선택지 5	선택지 6
지난 1년간 월평균 독서량은 어느 정도입니까?	0권	1~3권	4~9권	10권 이상		
1주일에 TV 시청을 몇 시간 정도 합니까?	2시간 이하	2~6시간	6~14시간	14~25시간	25시간 이상	
중학교 시절 게임을 하루 평균 몇 시간 정도 했습니까?	전혀 하지 않았다	30분 이내	30분~1시간	1시간~2시간	2시간~3시간	3시간 이상
좋아하는 자동차 종류는 어떤 것입니까?	일반 승용차	SUV	스포츠카	경차	해당사항 없음	
팀과제가 주어졌을 때 전형적인 역할은 무엇이었습니까?	역할을 분담한다	일정을 정한다	기록이나 회계를 맡는다	사소한 일을 맡는다	기타	
좋아하는 색깔은 어떤 계통입니까?	빨간색	파란색	노란색	흰색/검정색	해당사항 없음	
좋아하는 영화는 어떤 종류입니까?	액션/스릴러	멜로	SF	추리물	애니메이션	기타
주말에 즐거하는 활동은 어떤 것입니까?	등산/캠핑	공연/전시 관람	스포츠 관람	클럽 활동	집에서 휴식	기타
수업 시작되기 10분전 잠시 쉬는 시간이 있다면?	예습/복습	친구와 대화	잠	밖에 나가서 커피 또는 담배	기타	
좋아하는 과일 종류는?	사과/배	바나나/귤	파인애플/리치	수박/체리	기타	

이처럼 문항들을 준비하고 응답 자료를 모아서 준거가 되는 직무 수행 관련 자료와의 관계를 알아보고 채점 알고리즘을 만들면 훌륭한 회사 고유의 바이오데이터를 개발할 수 있다. 이 때 실제로 자료를 모아서 분석을 해보면 일반적으로 바람직하다고 생각하는 쪽으로 하는 응답과 실제 우수 수행자의 다수 응답이 일치하지 않는 사례를 많이 볼 수 있을 것이다. 그렇기 때문에 주요 직종을 구체적으로 정하고 그에 맞는 바이오데이터 채점 알고리즘을 개발하는 것이 중요하다.

다만, 바이오데이터를 사용할 때는 문항에 대해 법적인 검토를 거칠 필요가 있다. 미국에서도 구글이 바이오데이터 사용 계획을 발표한 직후 합법성에 대한 논의가 불거진 바 있는데, 우리나라에서도 사생활 침해나 개인정보보호에 관한 법률 등 관련 법규에 따른 문항의 적절성에 대한 검토가 반드시 필요해 보인다.

바이오데이터 FAQs

서류 전형에서 바이오데이터 점수는 채용담당자가 판단하기에 따라 다양한 방식으로 사용할 수 있다. 이런 평가 도구 개발자들은 표준점수를 활용하기를 좋아하는데, 예를 들어서 지원자들 중에 하위 1 표준편차에 해당하는 집단, 즉 하위 약 16% 정도는 무조건 탈락시킬 수 있다. 또는 상위 1 표준편차에 해당하는 상위 16%는 무조건 서류 전형에 합격시키는 방법도 있다. 그리고 중간 집단에 대해서만 서류 내용을 보고 전형 합격 여부를 결정할 수도 있다. 결국은 서류 전형 지원자 가운데 어느 정도 비율을 합격시켜서 다음 전형에 부를 것인가에 따라 여러 가지 방식으로 바이오데이터 점수를 활용할 수 있는 것이다.

> 바이오데이터 기법 등 과학적 도구를 잘 활용하면 서류 전형의 타당도를 높일 수 있다.

콜센터 상담직이나 반도체 생산직 등 이직률이 문제 되는 직종의 경우에는 바이오데이터를 이직률을 예측하는 데 중점적으로 활용할 수도 있다. 이럴 경우 바이오데이터 예측치 가운데 예를 들어서 3개월 정착률, 12개월 정착률 등을 중요한 지표로 보고 선발 비율, 기저율(base rate: "아무렇게나 뽑아도 성공적인 지원자를 뽑을 수 있는 확률") 등을 감안해서 합격선을 결정할 수가 있다. 이렇게 바이오데이터를 활용한다면 보다 과학적으로 정착률 또는 이직률을 관리할 수 있을 것으로 기대된다.

한 회사에서 만든 바이오데이터 도구를 다른 회사에 적용한다면 어떻게 될까? 일반적으로 자사의 기존 직원을 벤치마킹해서 경험적으로 만들어진 도구는 다른 회사에 적용할 경우 예측력이 많이 감소할 것으로 기대된다. 다만 비슷한 업종에, 비슷한 지원자 풀을 가진 회사에서 똑같은 직종을 선발하는 데 사용한다면 그 감소 폭은 의외로 적을 수도 있다. 예를 들어서 - 각 회사 채용담당자가 들으면 기분 나빠 할 수 있겠지만 - 삼성전자의 반도체 엔지니어를 선발하기 위한 바이오데이터가 있다면 SK하이닉스의 반도체 엔지니어 선발에 적용해도 크게 무리는 없을 것으로 판단된다. 또한 경험적으로 만들어진 도구가 아니라 이론적으로 만들어진 도구라면 이론적으로 볼 때 예측력의 감소가 두드러지지 않을 수 있다.

여기서 바이오데이터와 인성검사의 차이가 무엇인가 하는 질문을 할 수 있다. 사실 어떤 바이오데이터 문항은 인성검사의 리커르트 척도 형태와 별다른 차이가 없는 경우가 있다. 그러나 같이 4점 척도 또는 5점 척도로 응답한다 해도 대개는 채점 방식에 차이가 있다. 인성검사는 문항에 대한 응답을 연속변수로 보고 처리하지만, 대개의 바이오데이터는 선지 하나하나 중 어느 것을 고르느냐에 따라 가중치가 달라지는 방식을 취하게 된다. 또한 바이오데이터는 리커르트 척도 형식이 아닌 명목 척도로 된 문항이 많다는 차이점도 있다. 이런 문항이야말로 어쩌면 최초의 WAB과 비슷한 문항이라고 할 수 있다.

또한 바이오데이터에 응답을 하면서 과장반응 또는 허위반응을 하면 어떻게 되는가 하는 의문도 들 수 있다. 연구 결과는 서로 엇갈리는 답들을 주고 있다. 허위반응이 타당도를 저해한다는 주장이 있는가 하면 전체 타당도에는 크게 영향을 주지 않는다는 입장도 있다.

도구 개발자들은 일반적으로 입증가능한 문항들을 만들어서 허위 반응의 가능성을 줄일 수 있고, 문항을 보아도 지원자들이 어느 쪽이 바람직한지 알 수 없는 문항들을 많이 넣어서 허위 반응을 무력화시킬 수 있다고 반대론자들을 설득하는 경우가 많다.

서류 전형의 나아갈 길

취업난이 가중되면서 대기업의 서류 전형 경쟁률은 어마어마하게 높아졌다. 인·적성검사를 대량으로 실시하는 삼성그룹이나 두산그룹 등 일부 대기업 외에는 상당히 많은 지원자를 서류 전형에서 탈락시킬 수밖에 없는 게 현실이다. 그런데 과연 기존의 서류 전형은 얼마나 타당하게 이뤄지고 있을까 하는 의문이 든다.

모 취업 포털이 우리나라 100개 기업의 서류 전형 실태를 조사해서 기준을 정리한 바 있는데, 주요 내용은 다음에 제시된 표와 같다.

분류	최소	최대	내용
학교(학벌)	0	30	학교나 학벌에 따른 차별은 점차 사라지고 있는 추세
학점	20	40	100점 만점으로 환산 후 비교 및 평가
전공	0	20	세 가지 경우로 나눌 수 있음 1. 전공 차별이 없는 경우 2. 모집 분야와의 관련성에 따라 평가 3. 전공계열/학과에 따라 차별적 점수 부여
외국어성적	0	25	점차 비중이 줄어들고 영어 외 성적도 인정하는 추세
자격증	10	15	다음과 같은 조건을 공통적으로 가지고 있음 1. 모집 분야나 업종과의 관련성(예: 전기기사 등) 2. 취득 난이도가 높은 자격증
자기소개서	0	20	점차 비중이 높아지는 추세
가산점		10	1. 석사학위: 때로 불합격 사유가 되기도 함 2. 취업보호 대상자: 최대 4점 3. 보훈대상자: 최대 10점 4. 장애인: 최대 10점(보훈대상자와 중복 불인정) 5. 제2외국어 6. 해외교환학생: 최대 3점 7. 수상경험: 최대 5점 8. 헌혈: 최대 10점(10회 이상)

위 표에 나타난 항목 가운데 자기소개서 외에는 대부분 객관적인 지표들로 구성되어 있다. 이 항목들에 대해서 대부분 기업이 직관적(?) 내지 상식적인 평가 기준을 적용하고 있다. 이런 객관적인 항목들에 대해서는 - 믿을 만한 준거 자료를 확보한다면 - 바이오데이터 식의 기법을 얼마든지 적용할 수 있다. 다시 말해서 업무 성과와의 관련성을 기준으로 해서 객관적이고 과학적인 채점 기준을 세울 수 있다.

한편 걱정되는 것은 자기소개서의 비중이 점차 높아지고 있는 추세라는 점이다. 왜냐 하면 비중은 점차 높아지지만, 평가 기준을 구조화한다거나 평가자 교육을 체계적으로 실시하는 회사의 수는 상대적으로 매우 적은 편이기 때문이다. 전통적인 방식으로 설계된 지원서를 사용하고, 훈련되지 않은 평가자를 동원해서는 좋은 서류 전형을 기대하기 어려울 것이다.

물론 선발 프로세스에서 앞 단계 전형은 상대적으로 타당도가 떨어지는 도구를 활용해도 좋다고는 했지만, 그렇다고 해서 서류 전형의 타당도를 지나치게 떨어뜨려서는 곤란하다. 특히 서류 전형에서 많은 지원자를 떨어뜨리고 선발 인원 대비 약 5~7배수 이하의 지원자에게만 인·적성검사에 응시할 기회를 주는 회사라면 더더욱 그렇다. 최근 서류 전형에 대한 채용담당자들의 고민이 깊어지고 있는데, 더 많은 기업이 지원서를 역량기반 지원서 등으로 구조화하고, 바이오데이터 기법 등 과학적 도구를 잘 활용한다면 서류 전형의 타당도를 좀 더 높여 나갈 수 있을 것이다.

제4장

인·적성검사

인·적성검사 일반에 대한 이해

　삼성그룹이 채용에 SSAT라는 검사를 쓰면서부터 인·적성검사를 활용하는 회사들이 급격하게 늘어났다. 보통 회사들이 입사 시험에서 영어, 상식 등 필기시험을 치르던 1970년대말에 이미 SK그룹이 심리검사를 채용에 도입함으로써 과학적 채용이란 면에서 선두로 치고 나갔지만, 크게 이슈화되지는 못했었다. 그밖에도 코오롱그룹, 한국전력공사, 신한은행 등도 꽤 일찍 채용시 인·적성검사를 활용하기 시작한 회사들이다. 어쨌거나 우리 나라에서 가장 영향력이 큰 삼성 그룹이 SSAT를 브랜드화하면서 '인·적성검사가 유용한가 보다'하는 인식이 크게 확산된 듯 하다.

　그렇다면 인·적성검사는 무엇인가? 인·적성검사는 크게 인성검사와 적성검사로 구분해서 볼 수 있는데 먼저 적성검사의 의미부터 살펴 보자. 통념적으로 '적성'이라고 하면 '어딘가에 적합한 성질'이란 의미로 쓰이는 경우가 많다. 예를 들어서 "아이의 적성을 발견하고 그에 맞게 교육하는 것이 좋다"라든지 "나는 사무실에서 하는 업무보다 영업이 적성에 잘 맞아"라고 할 때의 적성은 한 개인의 특성을 종합적으로 판단할 때 특정한 직업이나 직무에 얼마나 잘 맞는지를 뜻한다. 그러나 이런 이해는 통념적 의미의 적성 이해다.

검사에서의 '적성' 개념은 위의 통념적 이해와는 좀 다르다. 애초 적성검사(aptitude test)가 역사적으로 처음 실전에 투입된 1910년대에는 적성검사는 특정 직무를 수행하는 데 필요한 지적 잠재력을 갖고 있는지를 빠른 시간 내에 판단하기 위한 도구로 개발되었다. 예를 들어서 제1차 세계대전 중 투입된 적성검사는 지원병의 점수가 수준 미달로 나타날 경우 입대를 거절했고, 그 수준 이상이면 일반 사병, 더 높은 수준이면 하사관, 가장 높은 수준이면 장교 직무를 수행할 수 있을 것으로 판별하는 데 활용되었다. 다시 말해서 최초의 적성검사는 어느 수준의 직무를 수행할 수 있을지를 판단하는 데 사용되는 '지적 자격 시험'의 성격을 띠고 있었다고 볼 수 있다.

이런 전통은 대표적 적성검사의 한 가지인 GATB(General Aptitude Test Battery) 설계에도 반영되어 있다. GATB는 여러 직업군에 대한 지적 잠재력을 파악하기 위한 다양한 소검사를 포함하고 있다. 각 소검사에서 높은 점수를 받을수록 수검자가 '적성'을 가진 직업의 종류가 많아진다. 즉, 모든 소검사에서 최고 점수를 받은 수검자는 GATB 결과표에 나타난 모든 직업에 대해 '적성이 있다'고 판단된다. 반면에 모든 소검사에서 기준 미달이 되면 '적성에 맞는 직업이 하나도 없다'는 결과를 받게 된다. 이렇듯 적성검사는 특정한 직업이나 직무에서의 성공 가능성을 예측하기 위한 '지적 능력'을 측정하는 검사다.

인성검사도 명칭 때문에 오해를 받는 면이 있다. 어떤 임원이 "인성은 일하면서 가르치면 된다"면서 인성검사 결과를 무시하고 사람을 뽑으려 한 일이 있다. 그래서 인성검사에서 측정하는 요인 중에는 가르치기 어렵고 변하기 어려운 개인의 특성이 있으며, 특히 일과 관련해서 중요한 요인이 많다는 설명을 해드린 적이 있다.

인성검사는 일종의 전형적 수행(typical performance)과 관련된 검사로서 개인이 자주 행동하거나 느끼는 바를 주로 질문한다. 검사가 내용상 포괄하는 범위는 참 다양해서 어떤 검사는 폭넓게 인성을 이해하고 가치관, 동기, 흥미, 자아개념 등을 같이 측정하기도 한다.

검사 점수의 해석

요즘 검사 결과지들을 보면 대개 T점수와 백분위점수라는 것을 많이 쓰고 있다. 이 두 가지는 반드시 알아야 점수의 의미를 제대로 해석할 수 있어서 여기서 간단히 설명하고자 한다. 먼저 T점수는 표준점수의 일종으로 가상의 전체 집단을 상정하고 평균이 50점, 표준편차가 10점이 되도록 만든 점수다. 예를 들어서 어떤 검사 항목에서 T점수로 50점이 나왔다면 딱 평균에 해당하는 점수이고, 60점이 나왔다면 평균보다 1표준편차만큼 높은 점수이므로 약 상위 16%에 해당하는 점수라고 볼 수 있으며, T점수가 40점이라면 하위 약 16%에 해당한다고 보면 된다.

백분위점수는 T점수가 등수를 이해하는 데 곤란한 점이 있어서 가상의 전체 집단이 총 100명이라고 가정할 때 그 사람보다 낮은 점수를 받은 사람이 몇 명인가를 나타내는 수치라고 보면 된다. T점수가 50점이면 전체 인원 중에 평균에 해당하므로 백분위점수도 중간점이 되는 50점이 될 것이다. 한편 T점수가 40점이면 백분위점수는 약 16점, T점수가 60점이면 백분위점수는 약 84점이 될 것이다. 백분위 점수가 90점이면 100명 중에 상위 10등에 해당하는 점수라고 해석하면 되겠다.

다음에 T점수와 백분위점수의 환산표가 제시되어 있으므로 참고하기 바란다.

T점수	백분위점수	T점수	백분위점수	T점수	백분위점수
80	99.9	60	84.1	40	15.9
79	99.8	59	81.6	39	13.6
78	99.7	58	78.8	38	11.5
77	99.6	57	75.8	37	9.7
76	99.5	56	72.6	36	8.1
75	99.4	55	69.2	35	6.7
74	99.2	54	65.5	34	5.5
73	98.9	53	61.8	33	4.5
72	98.6	52	57.9	32	3.6
71	98.2	51	54	31	2.9
70	97.7	50	50	30	2.3
69	97.1	49	46	29	1.8
68	96.4	48	42.1	28	1.4
67	95.5	47	38.2	27	1.1
66	94.5	46	34.5	26	0.8
65	93.3	45	30.8	25	0.6
64	91.9	44	27.4	24	0.5
63	90.3	43	24.2	23	0.4
62	88.5	42	21.2	22	0.3
61	86.4	41	18.4	21	0.2
60	84.1	40	15.9	20	0.1

좋은 인·적성검사를 고르는 기준

　기업의 입장에서 볼 때 좋은 인·적성검사는 - 비용 문제는 별도로 고려해야 하겠지만 - 무엇보다도 인·적성검사를 실시하는 목적을 제대로 충족시켜 주는 검사라 할 수 있다. 예를 들어서 인·적성검사를 사용해서 직무수행을 예측하고자 한다면 예측력이 좋은 검사가 좋은 검사다. 인·적성검사가 재고자 하는 바를 제대로 측정했는지를 나타내는 정도를 '타당도'라 한다. 타당도를 확인하는 방식은 여러 가지가 있는데 아마 기업 입장에서 가장 중요한 것은 앞에서 예를 든 바와 같이 직무 수행에 대한 예측 타당도가 될 것이다.

　타당도 수치는 제2장에서 다룬 바와 같이 적성검사의 경우 .4 내외, 인성검사의 경우 .3 내외 정도가 나와 주면 아주 이상적이겠지만, 실제로 기업 현장의 자료를 갖고 분석해 보면 이런 숫자를 구경하기 매우 어려운 것이 현실이다. 이유들은 앞에서도 설명했지만, 신뢰할 만한 준거 점수를 확보하지 않고 타당도 연구를 진행하는 것이 가장 큰 이유인 듯하고, 또 우리 나라 대기업 집단의 경우 지적 능력 수준이 아주 높은 지원자들 위주로 선발되기 때문에 일종의 절단된 자료여서 상관계수가 낮게 추정될 수 있다는 것도 한 유력한 이유인 듯하다.

　타당도가 높아지려면 우선 검사가 일관성 있는 결과를 낼 수 있어야 한다. 이것이 신뢰도의 가장 대표적인 의미라 할 수 있다. 신뢰도를 내는 방식도 여러 가지가 있는데 검사 공급자가 많이 제출하는 신뢰도는 검사-재검사 신뢰도, 내적 합치도로서의 Cronbach α수치 등이다. 좋은 검사는 신뢰도가 .7 이상이어야 한다고 이야기하는 사람이 많은데, 최근 논의에서는 특히 내적 합치도의 경우 지나치게 높으면 문항 수가 지나치게 많은 것을 의미할 수 있다면서 오히려 좀 더 떨어뜨리는 것이 더 효율적인 검사를 만드는 방법이라는 입장도 있다. 이상의 논의를 종합해 볼 때 현실적으로 적정한 합치도 계수의 범위는 .6~.7 정도가 아닐까 한다.

신뢰롭고 타당한 검사를 활용해서 의미 있는 정보를 얻기 위해서는 표준화의 개념을 잘 이해하는 것이 중요하다. 기업에서 활용하고 있는 인·적성검사들은 대부분 표준화검사의 일종이라고 볼 수 있는데, 표준화검사란 누가 사용한다 해도 동일하게 실시되고, 채점되고, 해석되도록 모든 형식과 절차가 엄격하게 정해진 검사를 말한다. 이는 표준화검사를 실시할 때는 실시 시간, 지시문, 질문에 대한 응답, 부정행위에 대한 처리 등 실시에 관한 모든 것이 정해진 룰을 따라야 함을 의미한다. 정해진 룰에서 어긋난 점이 있다면 수검자의 수행에 영향을 미칠 것이고 그런 어긋난 점 하나하나가 오차 요인으로 작용해서 부정확한 결과를 산출하게 되는 것이다. 이처럼 실시에 관한 지침이 명확하게 정의된 검사일수록 좋은 검사일 가능성이 높다.

그런 의미에서 검사를 실시할 때는 검사를 개발할 단계에서와 똑같은 검사 환경을 제공할 필요가 절실하다. 어떤 회사에서는 비좁은 책상이나 불편한 자리, 또는 어두운 공간에서 인·적성검사를 실시하는 경우가 있는데 아마도 지원자들의 능력을 조금이나마 과소평가하게 될 우려가 있다. 또한 표준화된 절차들을 잘 살펴 보면 검사 내용에 대한 보안을 염두에 둔 절차들이 들어 있는데 이들 절차들도 철저하게 준수해야 검사 내용의 유출로 인한 여러 손실들을 미연에 방지할 수 있다.

좋은 검사 선정을 위해서 마지막으로 고려해야 할 것은 검사 운영자의 운영 경험, 임상 경험이다. 예를 들어서 MMPI 검사는 세계적으로 유명한 좋은 검사이지만, 그 검사의 특징과 프로파일, 각 하위 요인의 내용, 그리고 MMPI가 재고 있는 내용 영역을 종합적으로 이해하고 수많은 임상 경험을 가진 사람만이 그 검사 결과의 의미를 충분히 해석할 수 있고 그 해석을 통해 유용하게 활용하도록 할 수 있다. 인성검사들의 경우도 결과를 해석할 수 있는 이론적 역량, 검사 자체를 활용한 임상 경험 등이 풍부해야만 "잘 만들어진"인성검사를 제대로 해석하고 활용할 수 있다. 즉 잘 만들어진 글로벌 검사를 전문성이 없는 사업자가 수입해서 영업만 한다면 그 검사 활용에 대해서는 신중을 기해야 한다. 바꿔 말해서 뛰어난 악기 이해 및 연주 역량이 없다면 스트라디바리우스나 과르네리 같은 좋은 악기를 갖다 준다 해도 명곡을 연주할 수 없는 것과 비슷한 면이 있다 하겠다.

> 종합적으로 볼 때 좋은 검사를 선정하기 위해서는 반드시 파일럿 테스트를 거치는 것이 안전하다.

　종합적으로 볼 때 좋은 검사를 선정하기 위해서는 우선 제안서를 여러 유력 업체에서 받아 보고, 회사의 사업군, 문화, 전략 등을 고려해서 유망한 업체를 추린 후 반드시 파일럿 테스트를 거치는 것이 안전한 방식으로 보인다. 예를 들어서 회사에서의 직무 수행을 가장 잘 예측할 수 있는 요인이 무엇인지, 적정한 합격선은 어느 정도인지를 알기 위해서도 파일럿 테스트는 반드시 필요한데, 파일럿 테스트를 통해서 실제 채용에 적용했을 때의 여러 장단점을 비교할 수 있기 때문이다.

"우리 회사에 맞게 customizing 검사를 만들고 싶어요"

전세계적으로 볼 때 대기업이 자체적으로 고유의 검사를 갖고 있는 경우는 그리 많지 않다. 대부분 글로벌 기업들도 검사업체가 제공하는 기본형 검사들을 활용하고 있다. 우리나라는 지금까지는 높은 성장률 덕에 대기업들이 엄청난 인원을 공채를 통해서 선발해 왔기 때문에 인·적성검사를 엄청난 인원을 대상으로 실시할 필요가 있었다. 따라서 외부에서 개발된 검사를 그대로 사서 실시하기보다는 내부의 필요에 따라 꼭 필요한 검사를 개발해서 실시함으로써 고유의 측정 목표도 달성하고 비용 면에서도 절감하는 효과를 보고자 했던 것으로 보인다.

맞춤형 검사 개발에는 크게 두 가지 방식이 가능하다. 하나는 말 그대로 인·적성검사 측정요인이나 문항 자체를 회사 고유의 것으로 개발하는 방식이다. 가장 이상적이며 규모가 큰 작업인데 제대로 하면 수 개월에서 수 년이 걸리기도 한다. SK그룹은 1970년대에 약 2년에 걸친 연구 끝에 인·적성검사를 도입했고, 삼성의 SSAT도 약 2년의 준비를 거친 것으로 알려지고 있다. 따라서 채용 규모가 아주 큰 그룹 단위에 적용할 계획이 아니라면 비용 대비 효과 면에서 그리 바람직하지는 않은 듯하다.

고유의 검사 개발을 위해서는 일반적으로 (직무분석이나 역량모델링을 통한) 측정 요인 선정 - 문항 개발 - 파일럿 테스트 - 문항 분석 및 선정 - 표준화 및 동등화 과정을 거치게 된다. 회사에서 필요로 하는 사양에 따라 일부 과정을 아주 줄일 수는 있겠지만, 그렇다 해도 많은 인원과 시간이 투입되는 큰 작업임에는 틀림이 없다.

두번째는 검사의 측정 요인이나 문항 자체는 개발된 것을 그대로 쓰되, 회사의 필요에 따라 회사의 핵심 가치, 모집 분야에 따른 직무 역량 등을 결과표에 제시하도록 결과 산출 알고리즘을 개발하는 방식이다. 이는 비교적 단기간에 할 수 있는 방식으로 많은 회사에서 유용하게 사용할 수 있다. 이렇게 할 때는 기본 검사의 측정 요인과 회사에서 필요로 하는 가치나 역량 리스트를 1:1로 매칭해서 결과를 제시하기도 하고, 기본 검사의 여러 측정 요인들에 가중치를 부여해서 맞춤형 결과를 제시하기도 한다.

이렇게 결과표를 맞춤형으로 만들게 되면 적은 비용으로 회사에서 꼭 필요로 하는 결과를 볼 수 있으며, 특히 면접에서 유용하게 활용할 수 있다. 선발 체계를 설계한 회사에서는 구조화 면접도 같이 도입해서 인·적성검사에서 부족하게 나타나는 역량을 집중적으로 면접에서 검증하도록 할 수 있다. 특히 임원 면접 등 최종 면접 단계에서 활용한다면 선발 과정 전체의 타당도를 올리는 데 크게 도움이 될 것이다.

적성검사

적성검사의 종류

글로벌 기업들이 포지션 중심의 개별 채용을 하는 데 비해 한국의 대기업들은 대졸 공채라는 다소 특이한 채용을 하고 있다. 또한 채용 단계에서 글로벌 기업들이 특정 직무를 염두에 두고 지원자를 선발하는 데 비해서 한국의 대기업에서는 소위 순환 보직을 하는 경우가 많다. 이런 차이들이 적성검사 형식의 차이도 낳게 된 것으로 보인다. 즉 글로벌 기업에서 활용하는 적성검사는 채용 예정 직무와 유관한 두 세 가지 지적 특성만 집중적으로 체크하도록 설계되어 있는 경우가 많다. 그에 비해서 대졸 공채를 진행하는 한국 대기업은 다양한 지적 능력을 복합적으로 측정하고 직무나 모집 분야에 따라서 가중치를 달리 해서 적용하는 모델을 채택하는 경우가 많은 듯하다.

그렇기 때문에 삼성 그룹, 현대자동차 그룹, SK 그룹, LG 그룹 등 큰 그룹들은 여러 가지 문항 형식들을 동원한 적성검사를 활용하고 있는 것으로 알려지고 있다. 다만 세부적으로 보면 그 안에도 몇 가지 변종이 있다. 가장 오래 된 형식은 GATB처럼 여러 개의 작은 하위검사로 쪼개서 운영하는 형식이다. 말하자면 "오리지널 형식"이라고 볼 수 있는데 각 하위검사마다 5~12분 정도 실시하도록 설계되어 있으며 그런 검사가 8~15개 정도로 구성되어 있다. 이런 검사는 실시자가 초시계를 들고 자주 시간을 측정해야 하는 등 실시상의 번거로움이 있다. 그래서인지 초대규모로 실시되는 삼성의 SSAT같은 경우는 검사들을 언어, 수리, 추리, 상황판단, 상식 등 큰 영역으로 묶어서 각 영역들을 20~30분 정도로 실시하도록 하고 있다. 이는 "중간형"이라고 볼 수 있다. 미국에서 나온 원덜릭(Wonderlic)검사처럼 여러 형식의 문항들을 완전히 섞어 놓고 중간 쉬는 시간 없이 쭉 풀게 하는 형식도 있다. 원덜릭 검사는 50문항 선다형으로 12분 동안에 풀게 되어 있는데 국내에서도 최근 다양한 형식의 문항들을 섞어서 약 50~60분 정도 실시하도록 설계한 적성검사를 활용하는 사례들이 생겨나고 있다.

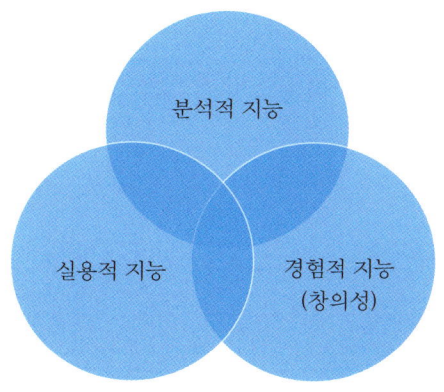

적성검사의 문항 형식이 다양한 것은 그만큼 측정 내용이 다양하기 때문이기도 하다. 지능 이론의 대가 스턴버그(Sternberg)의 구분에 따르면 분석적 지능을 측정하는 전통적인 IQ검사 같은 문항 형식이 가장 많은 비중을 차지하고 있는데, 이는 이런 종류의 지적 능력이 업무 수행과 가장 높은 상관을 보인다는 여러 연구 결과들을 반영할 때 적절해 보인다. 스턴버그는 지능의 또 다른 요소로 실용적 지능(Practical Intelligence)이 있다고 지적한 바 있는데, 이런 관점에서 SSAT는 거의 국내 최초로 적성검사에 "상황판단력 검사"를 도입한 것으로 보인다. SSAT에 상황판단력 검사가 도입된 이후 다른 회사의 적성검사에도 도입된 사례들이 제법 나타나고 있다. 특히 최근에는 실제적 지능과 유사한 점이 있는 정서지능(Emotional Intelligence)이나 사회적 지능(Social Intelligence) 등을 재려는 시도들도 보이고 있다. 다만 스턴버그가 지능의 세 번째 요소로 지적한 창의성을 측정하는 검사를 제공하는 업체의 수는 매우 한정되어 있는 것으로 보인다. 측정하기가 기술적으

> 적성검사의 문항 형식이나 측정 내용은 점점 다양해지고 있다.

로 어렵기도 하거니와, 짧은 시간에 결과를 내야 하는 대졸 공채 일정에 맞추기에는 시간적으로도 압박이 심한 것이 그 이유가 아닐까 한다.

적성검사 FAQs

때로 채용담당자나 담당 임원의 입장에서 금년 지원자 풀이 작년 지원자 풀에 비해서 어떤 특성을 갖는지 궁금해 할 수 있다. 이런 식의 비교를 위해서는 금년에 쓴 검사의 점수와 작년에 쓴 검사의 점수를 바로 비교할 수 있도록 설계되어 있는지를 검토해야 한다. 이를 전문 용어로 "검사 동등화"라 하는데 동등화가 되어 있어야 검사지간의 난이도 차이에 따른 지원자의 점수 차이를 제대로 보정하고 결과를 해석할 수 있다. 예를 들어서 국제적으로 저명한 영어능력시험들이나 새로 개발되는 국가 영어능력시험의 경우는 문항반응이론을 활용한 검사동등화를 적용해서 동일한 잣대로 검사점수를 해석하도록 하고 있다. 엄격한 의미에서 동등화를 하려면 엄격한 방법을 적용해야 하므로 적성검사 활용에 있어서 비용을 상승시키는 요인이 된다.

또한 경력직 채용에 적성검사를 적용해 보면 기대했던 것보다 점수가 매우 낮게 나오기가 쉽다. 즉 일 잘 한다고 소문난 지원자인데 적성검사 점수가 낮게 나와서 채용담당자를 고민에 빠지게 할 수 있다.

이는 지적 능력이 연령에 따라 어떻게 변하느냐 하는 질문과 관련된다. 지적 능력을 범주화하는 방법은 여러 가지인데, 예를 들어서 선천적 지능에 가까운 유동지능(fluid intelligence)에 해당하는 능력들은 약 25세 정도를 정점으로 해서 나이가 들수록 조금씩 떨어지는 경향이 있으며 특히 50세 이후에 급격히 감소하는 것으로 알려져 있다. 예를 들어서 작업 기억 등 메모리 기능, 공간 인식 능력 등이 이 범주에 해당한다. 한편 언어 사용 능력 등 일부 결정 지능(crystallized intelligence)에 해당하는 능력은 본인이 노력하고 활용하는 정도에 따라서 70세까지도 증가한다는 보고도 있다. 하지만 평균적으로는 나이가 들수록 점차 감퇴해 가는 것이 정상적인 흐름이다. 특히 대졸 공채에 쓰이는 문항이 어려운 문항으로 많이 구성될수록 경력직 지원자의 지적 능력은 과소 추정되는 경향이 강한 듯하다. 비유하자면 은퇴한 40대 축구 선수가 20대 전성기 나이의 축구 선수와 시합을 하면 전반전 버티기도 힘들 정도로 어렵게 느끼는 것과 비슷하다 하겠다. 그러므로 개별적으로 지원자의 지적 잠재력을 평가하려면 연령 요소를 잘 고려해야 하는데, 바쁘게 돌아가는 대졸 공채에서는 이런 세밀한 데 신경 쓸 틈이 없기는 하다.

실질적으로는 대졸 공채지만 채용에서 학력을 철폐하라는 정부 시책에 따라 고졸자나 전문대졸자에게도 일단 지원의 문호는 개방하게 되는 경우가 많다. 이럴 경우 고졸자, 전문대졸자에게는 그들에게 맞는 적성검사를 해야 하는 것 아닌가 하는 의문이 들 수 있다. 또는 고졸 직원으로 채용되었는데 대졸 직무로 전환하려 할 경우 어떤 종류의 검사를 활용해야 하는가 하는 질문을 할 수도 있다. 이런 경우에 중요한 것은 대상 직무의 학력 요건이 무엇인가 하는 점이다. 지원자가 어떤 학력을 가졌건, 그가 지원하는 직무에서 어떤 수준의 지적 능력을 요구하느냐가 어떤 검사를 사용할 것이냐를 결정한다. 적성검사는 특정 직무 수행에 필요한 지적 잠재력을 알아보기 위한 검사이기 때문이다.

시중에 적성검사에 대한 모의고사나 연습을 제공하는 업체들이 점점 많아지고 있다. 이런 연습 효과는 얼마나 될까? 지원자들의 적성검사 후기를 보면 문항 형식을 익힌 점에서는 도움이 되었다는 보고가 많다. 그러면서도 아직은 최고 수준의 난이도를 자랑하는 대기업들의 적성검사를 그대로 재현해 내지는 못해서인지 도움이 제한적이라는 후기가 많다. 적성검사나 지능검사 등 지적 능력에 대한 검사의 연습 효과에 대한 연구 결과들을 종합해 보면 연습 효과가 전혀 없지는 않으나, 그 효과가 무한하지도 않은 것으로 나타나고 있다. 다시 말해서 처음에는 어느 정도 점수 상승 효과를 내지만, 개인의 잠재력이 무한하지는 않아서 언젠가 천정(ceiling)에 부딪치게 된다는 것이다. 그런 점에서 대기업들이 차라리 문항 형식을 공개하고 1~2회 정도 모의고사도 제공해서 모든 지원자들에게 고루 연습 기회를 주는 것이 제대로 지적 능력을 측정하는 길이 아닐까 한다. 미국의 ETS도 이런 의미에서 자체 사이트에서 어느 정도 정보를 공개하고 연습의 기회를 제공하고 있다.

채용담당자가 잘못 생각하면 적성검사 문제가 무조건 어렵기를 바랄 수 있다. 괜히 가장 어렵다는 평판을 듣고 싶어서 그럴 수도 있고, 문제가 아주 어려워서 지원자들이 맞추는 문제 수가 적어야 자기가 왜 떨어졌냐며 항의하는 사람을 줄이고자 할 수도 있다. 일견 일리는 있다. 하지만, 측정의 입장에서 보면 무조건 어려운 것이 능사는 아니다. 한 하위검사가 지원자들의 능력을 가장 잘 변별해 내려면 전체 하위검사의 난이도가 .5 근처에 있는 것이 좋다. 즉 정답률 평균이 약 50% 정도이면서 정답률이 80~90% 정도 되는 쉬운 문제부터 10~20%에 불과한 어려운 문제까지 골고루 투입할 때 변별력을 극

> 적성검사 문제가 어려운 것이 능사는 아니다. 지원자들의 능력을 가장 잘 변별해 내려면 전체 하위검사의 난이도가 .5 근처에 있는 것이 좋다.

대화할 수 있다. 향후에는 그런 관점에서 전체 문제의 난이도를 요구해야 할 것이다.

　끝으로 많은 지원자들이 궁금해 하는 점을 한 가지 다루고자 한다. 적성검사에서 모르는 문제를 찍으면 어떻게 되는가 하는 점이다. 이 질문을 오답을 어떻게 처리하느냐 하는 질문으로 해석하고 답하자면, 오답에 대해서 감점을 하자는 입장과 하지 않아도 된다는 입장이 있음을 우선 지적하고자 한다. 오답에 대해 감점을 하든지 하지 않든지 전체적으로 보아서는 크게 차이가 없다는 것이다. 그런데 앞에서 말했듯이 한 하위검사의 정답률이 50%선이라면 지원자가 푼 문항의 비율을 나타내는 도달률도 50%보다 크게 높지 않을 것이므로 풀지 못한 문항을 찍어서 맞춘 문항 수가 지원자의 득점을 크게 왜곡할 수 있다. 그러므로 정답률 평균이 약 70%에 육박하는 학교 시험같은 문제가 아니라면 오답에 대해서는 일정 부분 감점을 해주는 것이 온당해 보인다. 오답에 대해 감점을 하는 방법은 크게 고전검사이론에 따른 방법과 문항반응이론에 따른 방법으로 나눌 수 있다. 간편하게 적용할 수 있는 고전검사이론에 따른 감점은 오답 하나가 있을 때마다 1/(선지 수-1)점만큼 감점하는 방법이다. 예를 들어서 5지선다형에서 하나 틀리면 1/4점을 감점하고, 4지선다형에서 하나 틀리면 1/3점을 감점하는 식이다. 문항반응이론에 따른 감점은 반드시 대규모 응시자 데이터가 있어야 적용 가능하다. 자세한 내용은 이 책의 범위를 넘어가는 듯한데, 꼭 필요한 채용담당자는 심리검사 전문가에게 문의하면 답을 얻을 수 있을 것이다.

인성검사

인성검사를 통해 알고자 하는 것들

채용 장면에서 쓰이는 인성검사는 기본적으로 성격 특성을 측정한다고 보아야 한다. 성격 특성을 개념화하는 방식은 여러 가지가 있는데 가장 보편적인 모델은 5대 요인 이론으로 외향성, 정서성, 성실성, 호감성, 개방성이 그 다섯 가지 요인이다. 최근에는 여기에 정직성을 추가해서 6개 요인으로 보는 것이 더 타당하다면서 소위 헥사코(HEXACO) 모델을 주장하는 사람들도 있고, 5대 요인 이론에다가 평가적 차원 두 개를 더해서 7요인 모델로 보는 것이 더 타당하다고 주장하는 사람들도 나타나고 있다. 어쨌든 가장 보편적으로 인정받는 모델은 빅 파이브라고 불리우는 5요인 이론인 듯하다. 참고로 Lee와 Ashton이 개발한 HEXACO 성격검사는 다음과 같은 내용들을 측정하고 있다.

요인	하위요인	정의
정직성		솔직하고 겸손하게 행동하며 규칙에 따라 생활하고자 하는 태도
	진실성	자기 모습을 과장하지 않고 있는 그대로 솔직하게 나타내는 태도
	공정성	규정과 규범에 따라 올바르게 행동하고자 하는 성향
	욕구통제	돈, 명예, 권력 등에 대한 욕망을 통제하는 정도
	겸손	자신을 평범하게 여기거나 남들을 자신보다 낮게 여기는 정도
정서성		정서적인 불안 상태 및 타인의 감정에 대한 정서적 유대의 정도
	위험 공포	위험한 상황에서 공포를 느끼는 정도
	불안	걱정으로 인해 위축되는 정도
	의존성	타인의 지지나 도움을 필요로 하는 정도
	공감	다른 사람의 감정을 이해하고 같이 느낌

요인	하위요인	정의
외향성		대인교류에 임하는 태도나 자신을 표현하고 드러내는 정도
	표현성	자신의 감정이나 생각을 표현하는 정도
	대담성	남들 앞에 나서는 용기
	사교성	사람들과 어울리는 것에 대한 선호도
	활기	생기발랄하게 에너지를 발산하는 정도
호감성		타인에게 관용적이며 주변 사람과 원만하게 지내고자 하는 태도
	용서	다른 사람의 잘못을 용서하고 그대로 앙갚음하지 않는 자세
	수용	남들을 비평하지 않으며 있는 그대로 받아들임
	유연성	자기 생각이나 입장을 고집하지 않고 타인의 의견에 맞추는 자세
	인내	화를 내지 않고 참아냄
성실성		목표나 과제완수를 위해 신중하고 열심히 일하는 정도
	정리정돈	물건을 제자리에 깔끔하게 정리해 둠
	근면	일에 대한 긍정적 태도
	완벽주의	세부사항까지 완벽하게 해내고자 하는 근성
	신중성	실수를 피하고자 하며 깊게 생각하여 결정을 내림
개방성		자연과 예술을 선호하며 독창적이고 새로운 분야에 관심을 보이는 정도
	심미성	미와 예술의 세계에 대한 선호도
	호기심	다양한 분야에 대해 두루 관심을 갖는 정도
	창의성	상상력과 아이디어가 풍부한 정도
	독특성	"주류"에서 벗어나 평범하지 않은 행동을 보이는 정도

하지만 기업에서 쓰는 인성검사가 이렇게 순수 성격 특성만 측정하는 것은 아니다. 어떤 검사는 기업에서 필요로 하는 가치관이나 역량들을 직접적으로 측정하는 항목들도 포함하도록 되어 있기도 하다. 이런 기본 요인을 측정하여 일반적인 조직적응도나 조직의 인재상에 얼마나 부합하는지 조직가치 부합도를 보고자 한다. 일반적인 조직적응도를 보기 위해서는 예를 들어 일 자체를 전반적으로 열심히 하려는 성향을 갖

고 있는지, 책임감이 강한지, 규율을 잘 지키려고 하는지, 충동적인 성향은 얼마나 강한지 등을 검토하게 된다. 위의 헥사코 모델의 개념으로 설명하자면 성실성, 호감성, 정직성, 정서성 등의 여러 하위 요인들을 두루 살핀다는 것이다.

조직가치 부합도를 알아 보기 위해서는 조직에서 설정한 인재상이나 핵심역량, 또는 핵심가치 목록과 인성검사가 재는 여러 항목들을 매핑하는 방식을 취할 수 있다. 일대일로 매핑하기 곤란할 때는 인성검사의 여러 항목들에 가중치를 부여해서 조직 가치 항목의 값을 산출하도록 할 수도 있다. 예를 들어서 어떤 조직에서 인재상에 "Integrity"라는 항목을 넣고 "곧은 마음과 진실되고 바른 행동으로 명예와 품위를 지키며 모든 일에 있어서 항상 정도를 추구한다"라고 그 의미를 정의했다 하자. 이럴 경우 인재상의 Integrity 항목과 HEXACO의 정직성을 그대로 대응시켜서 HEXACO 정직성 점수를 Integrity 점수로 바로 산출할 수도 있다. 또는 그 내용을 잘 뜯어 보고 예를 들어서 다음과 같은 공식을 만들어 낼 수도 있다.

$$\text{Integrity} = 1 \times 진실성 + 2 \times 공정성 + 0.5 \times 신중성$$

이런 식으로 여러 항목의 값을 산출해서 종합적으로 조직가치 부합도를 판단할 수 있다.

또 어떤 회사는 반생산적 직업행동(CWB, Counterproductive Workplace Behavior)을 보일 가능성이 높은 지원자를 걸러내는 용도로 인성검사를 활용하려 할 수 있다. 반생산적 직업 행동은 쉽게 말해서 조직의 목표에 반하는 행동으로 재산 절취, 재산 파괴, 정보 오남용, 시간과 자원의 유용, 안전 불감 행동, 근태 불량, 업무 성과 부진, 알코올 및 약물 중독, 부적절한 언행 등이 이에 해당한다. 5대 요인과 반생산적 직업 행동 간에 일정한 관련이 있다는 연구 결과들이 제법 있다.

직원의 성실성이 낮으면 조직과 관련한 반생산적 직업 행동이 나타날 가능성이 있다. 좀 더 구체적으로 말하자면 태업이나 조퇴 등의 행동을 자주 보일 가능성이 있다. 또한 친화성(호감성)이 낮은 직원일수록 대인관계 면에서 반생산적 직업 행동을 보일 가능성이 높아진다. 한편 외향성이 낮은 직원에게서 절도가 더 자주 난다는 보고도 있으며, 개방성이 높은 직원에게서도 조퇴, 태업, 장시간 휴식 등의 행동이 자주 발견된다는 연구 결과도 있다.

마지막으로, 인성검사 결과를 갖고 구체적인 직무역량을 예측하고자 하는 시도도 생각해 볼 수 있다. 이 때 인성검사의 성격 이론 요인을 그대로 사용해서 매핑할 경우 제대로 측정하기 어려운 직무역량들이 꽤 많을 것이다. 따라서 직무역량을 제대로 측정하려면 관련된 문항을 새로 개발해서 측정하는 것이 일반적으로는 더 바람직해 보인다.

인성검사의 종류

국내 기업 채용 장면에서 쓰이는 인성검사는 크게 자기보고형, 투사형(projective), 작업형으로 나눠서 볼 수 있다. 작업형 가운데는 수행검사로 알려진 U-K 검사가 대표적이다. U-K검사는 우치다-크래펠린(Uchida-Kraepelin)의 이름을 딴 것으로 독일의 정신과 의사인 크래펠린이 개발한 덧셈수행검사를 활용하여 일본의 우치다 박사가 해석법을 개발한 검사이다. 응시자에게 인접한 두 숫자를 더해서 일의 자리만 기입하도록 하되 1분마다 줄을 바꿔서 전반 15분, 후반 15분 동안 수행하게 한다. 물론 앞에 연습시간, 중간에 휴식시간이 있다. 이런 과제를 통해 수행에 어떤 변화가 있었는지, 얼마나 많은 문제를 맞췄는지 등을 평가하게 되는데 한 검사로 지적 능력과 인성적 특성 둘 다 볼 수 있다는 장점이 있다. 또한 전문가가 아니면 의도적인 속임이 어렵다는 장점도 있다. 다만 고차원적 정신기능을 활용하는 직무에서는 타당도가 충분히 입증되지 않은 한계가 있어서 대졸 공채에 활용되는 사례는 많지 않은 듯하다. 특히 타당도를 국제적으로 인정받지는 못한 상태여서 후속 연구도 일본 외에는 많지 않으며 사용하는 국가 수도 다소 제한되어 있다.

투사형은 일정한 자극을 제시하고 수검자로 하여금 자유롭게 반응하게 한 후 그 반응을 보고 성격 특성을 알아내고자 한다. 어떤 그림을 보여주고 무엇이 연상되는지를 말하게 한다든지, 일부 문장을 주고 나머지를 완성하게 하는 형식 등이 이에 해당한다. 역시 채점이 어렵고 타당도의 증거가 제한되어 있어서 많이 쓰이지 않는데, 국내에서는 모 그룹에서 문장완성형을 도입하고 있는 것으로 알려져 있다.

자기보고형이 인성검사에서 가장 많이 쓰이고 있는 대표적인 형식이다. 객관식 검사로 만들어져 있어서 채점하기도 쉽고, 국내는 물론 세계적으로도 가장 타당화 연구도 많이 수행되어서 참고할 자료도 많다. 자기보고형에도 크게 두 가지가 있다. 하나는 전통적으로 가장 많이 쓰는 방식으로 주어진 진술문을 보고 '그렇다'와 '아니다' 중 고르게 하거나, 5점 척도, 7점 척도 등으로 응답하게 하는 방식으로 노머티브(normative) 방식이라고 한다. 특정한 응시자의 응답을 종합해서 다른 지원자들과 비교한 상대적 위치를 표시하기에 적합한 방식으로 고전적인 MMPI, CPI를 비롯해서 최근에 만들어진 거의 대부분의 인성검사에서 채택하고 있다.

자기보고형의 또 다른 형식으로 입서티브(ipsative) 방식이라는 것이 있다. 예를 들어서 '방어기제검사'(defense mechanism test)에서는 특정한 방어기제를 다섯 가지를 제시하고 수검자가 다섯 개 답지 중에서 '가장 선호하는 것'과 '가장 싫어하는 것'을 고른다. 검사 결과로 나타내 주는 것은 수검자가 선호하는 방어기제의 순서이다. 이런 방식으로 검사를 하면 그 사람이 선호하는 방어기제의 절대적 강도를 측정할 수 없다. 또한 이 점수는 원칙적으로 개인간 비교가 불가능하다. 그렇기 때문에 Paul Kline은 "The handbook of psychological testing"이란 책에서 본질적으로 입서티브 방식으로 채점된 검사는 오직 수검자와 상담을 하기 위한 기초자료로 유용할 뿐이며 심리 특성을 정확하게 측정하기로 친다면 노머티브 검사가 입서티브 검사보다 훨씬 우월하다고 말하고 있다.

쉽게 말해서 학생에게 국어, 영어, 수학, 사회, 과학, 음악, 미술, 체육 과목 들을 좋아하는 순서대로 나열하라고 해서는 그 학생이 국어를 "얼마나" 좋아하는지, 특히 "다른 학생과 비교해서" 얼마나 좋아하는지를 알기는 어려운 것이다. 어떤 학생은 모든 과목을 열렬히 좋아할 수도 있고, 어떤 학생은 모든 과목에 대해 시큰둥한 경우도 있기 때문이다. 물론 보통 범위에 있는 학생들끼리 비교한다면 개인내적 선호도

인성검사에서는 자기보고형이 가장 많이 쓰이고 있는데, 노머티브형과 입서티브 형의 차이는 알아둘 필요가 있다.

차이를 갖고서 상대 비교를 어림잡아 할 수 있겠지만, 선호도가 전반적으로 높은 학생이나 선호도가 전반적으로 낮은 학생을 비교하기란 불가

능에 가까워 보인다.

입서티브 방식의 검사를 쓰면 수검자가 모든 측정 요인에서 높은 점수를 받을 수 없다. 결국 전체 측정요인 평균 점수는 모든 수검자가 똑같기 때문이다. 이런 점에 근거해서 입서티브 방식 검사의 옹호자들은 입서티브 방식 검사에서는 왜곡 반응이 불가능하다고 주장한다. 물론 입서티브 방식을 적용할 경우 수검자가 모든 요인에서 높은 점수를 받거나, 모든 요인에서 낮은 점수를 받는 왜곡은 불가능하지만, 일정한 특성 쪽으로 몰아서 응답하는 왜곡은 여전히 가능하다. 예를 들어서 회사의 인재상에서 창의와 책임을 특히 강조한다는 것을 알고 지원자가 창의와 책임이 본인의 특성에 가깝다고 응답하면 얼마든지 왜곡 반응이 가능한 것이다. 그런 점에서 본다면 입서티브 방식은 과장반응 등 지원자의 반응 경향(response set)을 알아 보기 위한 장치들이 들어있는 노머티브 방식의 검사에 비해 왜곡에 더 취약할 수도 있다.

하지만 노머티브 방식을 통해 얻은 점수라고 해서 무조건 수검자간 상대 비교가 가능한 것도 아니다. 개인이 자기를 얼마나 과시적으로 드러내는가 하는 성향 차이도 있을 수 있고, 웬만하면 중간 쪽으로 응답하려는 중심화 경향의 차이도 있기 때문이다. Cronbach와 Helen이 지적했듯이 입서티브 방식이나 노머티브 방식이나 각각 장점과 단점이 있다. 그래서 두 방식을 서로 보완하기 위해 Saville Consulting에서 제작한 Waver Professional Style 검사는 두 가지 방식을 같이 사용해서 타당도를 약 20% 정도 개선했다고 보고하고 있다. 이처럼 두 가지 방식을 동시에 사용할 경우 타당도는 높일 수 있지만, 검사하는 데 시간이 많이 소요되는 것이 또 다른 단점이 될 수 있다.

인성검사 FAQs

사실 지원자가 마음만 먹으면 어떤 형식의 검사를 적용하든지 간에 일정한 방향으로 왜곡 반응을 할 수 있다. 그렇기 때문에 많은 인성검사가 수검자의 반응 경향을 알아보는 다양한 장치들을 탑재하고 있다. 대표적인 것이 "사회적 바람직성"(social desirability)에 대한 측정이다. 사회적 바람직성이란 응답자가 남들에게 좋게 보이려는 경향을 의미하는 것으로, 좋은 행동은 과장해서 응답하고 나쁜 행동은 축소해서 보고하려는 형태를 띠게 된다. 예를 들어서 MMPI-2 검사의 경우에는 'S 척도'라고 불리는 '과장된 자기제시'(superlative self-presentation)라는 척도가 있다. 자기 자신을 매우 정직하고, 책임감 있고, 심리적인 문제가 없고, 도덕적인 결점이 거의 없고, 다른 사람들과 아주 잘 어울리는 사람인 것처럼 드러내려는 경향을 평가하기 위한 척도다. 문항 내용은 대개 인간의 선함에 대한 믿음, 평정심, 삶에 대한 만족감, 부정적 정서에 대한 부인 및 인내심, 도덕적 결함에 대한 부인 등으로 이뤄지는데 이 S 척도에서 T점수로 70점 또는 75점 이상이면 검사자료를 무효로 간주할 수 있다.

일반인들 가운데 인성검사에서 일관성이 없게 반응하면 무효 처리된다고 알고 있는 사람들이 많다. MMPI 등 일반적 인성검사를 생각하면 맞는 말이다. 특히 MMPI-2의 경우 '무선반응 비일관성 척도'와 '고정반응 비일관성 척도'라는 것이 있어서 수검자가 얼마나 일관성 없게 반응했는지를 탐지하고 지나치게 일관성이 없으면 무효 처리하게 된

인성검사의 일관성, 과장반응에 대해서는 잘못 알려진 통념을 많이 믿고 있다.

다. 그러나 일관성 부족으로 무효 처리하는 일은 채용 장면에서는 매우 드문 경우다. MMPI-2에서 무효 처리를 하는 것은 자신의 병리 상태를 더 심각하게 과장하거나, 실제로 심각한 정신 병리가 있음을 솔직하게 인정하거나, 성의 없이 응답했을 경우이다. 채용 장면에서는 대개 좋은 쪽으로 보이려 하기 때문에 정상인이 검사에 응했을 경우 비일관성 점수가 높게 나타나기 매우 어렵다.

사실 사람의 행동에서 엄밀한 일관성을 기대할 수 없음은 여러 연구들이 밝히고 있다. 예를 들어서 게임 이론에서도 "X 상황이 되면 Y 행동을 하겠다"고 사전에 생각을 했다가도 막상 X 상황이 되어서는 Y 행동을 하지 않는 모순을 일컬어 "역동적 비일관성"(dynamic inconsistency)라고 한다. 실제로 일관성에 지나치게 신경을 쓰고 인성검사지를 앞뒤로 뒤적이면서 완벽한 모습으로 자기를 연출하다가 과장 반응으로 무효가 될 위험이 더 높아질 수 있다.

인성검사에 성의 없이 대충 응답하거나, 응답하지 않은 문항 수가 아주 많은 경우에도 검사가 무효 처리되기 쉽다. 인성검사에는 성의 없는 응답을 감지하는 척도를 탑재할 수 있으며, 인성검사 개발자는 응답하지 않은 문항 수가 일정 비율 이상이면 자동으로 무효 처리하도록 처리 알고리즘을 설계할 수 있다.

적성검사 점수는 나이가 들수록 다소 저하되는 경향이 있다고 했는데, 인성검사 결과는 나이에 따라 어떻게, 또 얼마나 변할까? 이 문제에 대해서는 Costa와 McCrae가 수행한 '볼티모어 종단 연구'가 대표적인 연구로 알려져 있다. 이들은 5요인 이론을 주제로 해서 성인들을 대상으로 12년간 추적 연구를 수행했다. 결과를 보면 30세 무렵에 형성된 외향성,

정서성, 성실성 등 성격 특성들은 거의 평생을 두고 대체로 일정 수준 유지되었다. 그러나 개인차도 제법 있었기 때문에 오래 전에 실시해 놓은 인성검사 결과는 구체적인 개인에 대한 의사결정을 위한 좋은 자료로 보기 어려운 면이 있다. 따라서 초급 간부 승진이나 임원 승진에 인성검사를 활용한다면 오래 전 입사 당시 검사 결과를 뒤적이는 것보다는 현재 시점에서 다시 검사를 하는 것이 보다 타당하다.

인·적성검사 결과를 얼마나 신뢰할 수 있나요?

전문가라면 이런 질문에 대해서 일단 검사의 신뢰도, 타당도 계수들을 참고하라고 하겠지만, 수치들이 현실적으로 의미하는 바가 무엇인지 설명하기란 쉽지 않다. 특히 임원이 비전문가일 경우 그 난감함은 가중되는 듯하다. 어쨌거나 결국은 제2장에 제시된 여러 평가 도구들의 타당도 비교를 참고할 수밖에 없다. 세상에 완벽한 평가 도구는 없는 것이고, 특히 사람의 심리적 특성을 측정하는 인·적성검사는 자연과학에서 사용하는 측정 도구와 같은 정밀함, 정확함을 기대할 수 없다. 검사를 자세히 들여다 보지도 않고 평가절하하는 것도 비합리적이지만, 검사로 모든 것을 다 할 수 있다는 검사 만능주의도 비상식적이다. 그래도 지금까지 인류가 개발한 여러 방법 중에 - 동일한 시간을 투입한다면 - 가장 정확하게, 많은 것을 측정할 수 있는 방법이 인·적성검사 기법이 아닐까 한다.

또 한 가지 짚고 넘어가야 할 것은 인·적성검사라는 이름을 달았다고 해서 다 똑같은 성능을 갖고 있으리라고 기대해서는 안 된다 하는 점이다. 세상에는 자동차의 형상을 띤 많은 제품들이 있지만, 여러 성능과 품질 면에서 다양한 차이들이 있고, 심지어 엔진도 없이 겉모양만 있는 장난감 자동차도 있는 것이다. 그렇기 때문에 좋은 인·적성검사를 선택하는 것과 관련해 다루었듯이 검사의 특성에 관한 자료를 꼼꼼하게 검토하고, 가능하면 파일럿 테스트를 거쳐서 검사를 선정하는 것이 중요함을 다시 한 번 강조한다.

검사 결과의 활용

합격자 결정 방법

대기업들을 보면 최종 선발 인원 대비 5~20배수 정도를 서류 전형에서 합격시켜서 인·적성검사를 보게 하고 있다. 서류 전형의 타당도에 대해서 별로 자신이 없어서인지 인·적성검사 결과만 갖고 면접 대상 인원을 정하는 회사가 대부분인 듯하다. 서류 전형을 잘 설계해서 인·적성검사 결과와 일정하게 합산하는 것이 더 바람직하겠지만, 여기서는 일단 인·적성검사 결과만 갖고 면접대상자를 추려내는 방법들에 대해서 설명하고자 한다.

우선 인성검사에서 무효 처리된 인원을 어떻게 할 것인가 하는 문제를 다뤄 보자. 무효 처리의 이유를 놓고 볼 때 무성의하게 응답했거나 응답하지 않은 문항이 많아서 무효 처리된 지원자는 탈락시키는 데 크게 문제가 없을 것이다. 자신을 잘 보이기 위해서 장점은 과장하고 약점은 축소해 응답한 경향이 지나치게 강해서 무효 처리된 지원자를 어떻게 할 것인가가 대개 문제가 된다. 어떤 회사는 입사에 대한 열의를 높게 사서 적성검사 점수가 높을 경우 합격시키는가 하면, 어떤 회사는 솔직하게 답하라고 했음에도 불구하고 지시대로 솔직하게 하지 않았다고 해석해서 탈락시키는 회사도 있을 것이다. 모두 일리 있는 정책이라 판단된다. 또 회사가 친절하고 시간과 비용에 여유가 있다면 추후에 다시 인성검사를 실시해서 유효한 결과가 나올 때 그 결과를 활용해서 의사결정을 할 수도 있다.

인사 담당자들의 카페를 통해 보면 인성검사 결과를 일종의 자격 심사처럼 최소한의 인원을 걸러내는 용도로 사용하려는 회사가 많은 듯하다. 몇 퍼센트를 걸러내고자 하는지는 전적으로 회사의 선택이다. 다만 절대적인 합격선을 결정하려면 기존 직원 중 충분한 수를 샘플링해서 파일럿 테스트를 실시하고 그 결과에 따라 합격선을 정하는 것이 합리적이다. 적성검사의 경우도 마찬가지다. 일정 점수를 넘는 지원자는 업무 능력에 별 차이가 없다고 가정한다면 합격 여부를 결정하는 기준 설정에 좀 더 신경을 쓸 필요가 있다.

현실적으로 인·적성검사를 어떻게 조합해서 활용하는지 보면 인성검사 결과 중 조직가치 부합도가 많이 떨어지거나 일반적인 조직적응 역량이 많이 떨어지는지를 기준으로 해서 탈락자를 우선 가려낸 후 나머지 인원에 대해서 적성검사 점수가 높은 순으로 합격자를 선정하는 경우가 많다. 다만 선발 인원 대비 많은 인원을 응시하게 해서 이런 방식으로 합격자를 결정하면 소위 명문대 출신의 비중이 지나치게 높아지는 부작용(?)을 면하기 어렵다. 그래서 이런 방식으로 수년 동안 신입사원들을 채용하다 보면 최고경영진으로부터 신입사원들이 패기가 없다느니, 모범생 같은 애들만 뽑는 듯하다느니 하는 피드백을 받게 될 수 있다.

가장 급진적으로 이 문제를 해결하는 방법은 적성검사와 인성검사의 활용 방식을 맞바꾸는 것이다. 적성검사의 최소 합격선을 정해서 합격자들을 대상으로 인성검사의 일정한 결과가 높은 순으로 선발하는 것이다. 예를 들어서 조직가치 부합도가 높은 순, 또는 직무역량 총점이 높은 순으로 선발하는 방법을 생각할 수 있다. 다만 이럴 경우 일반적으로 단일 도구로서는 타당도가 가장 높다고 알려진 적성검사 점수를 효과적으로 사용하지 못하는 아쉬움이 남게 된다.

경험적 연구 결과들을 종합해서 합리적으로 선발하려고 한다면 적성검사 점수와 인성검사의 주요 결과 점수를 합산해서 의사결정을 하는 것이 바람직해 보인다. 특히 자체 파일럿 테스트를 통해서 회사 내부의 자료에서 추출한 타당도 계수의 비율대로 섞으면 될 것이다. 예를 들어서 적성검사 총점의 타당도 계수가 0.35, 인성검사로 본 조직가치부합도의 타당도 계수가 0.25라면 두 점수를 7:5로 합산하는 것이다. 이런 작업이 여건상 어렵다면 2장에 제시한 일반적 도구의 타당도 계수를 벤치마킹해서 6:4 내지 7:3 정도 비율로 합산하는 방안을 생각해 볼 수 있다. 이렇게 합격자를 선발하면 어느 한 검사 결과에 지나치게 치우치지 않고 균형 잡힌 선발을 할 수 있을 것으로 본다.

면접에서의 활용

글로벌 기업들 중에는 인·적성검사 결과를 갖고 역량 면접을 진행하는 회사가 많다. 특히 검사에서 부족하다고 나온 역량들을 집중적으로 탐색하게 되는데, 검사에서 평가하는 주요 항목들에 맞춰서 구조화 면접을 설계해 두어야 이런 방식을 효과적으로 활용할 수 있다. 예를 들어서 성과 지향이 부족한 지원자에 대해서는 성과 지향 관련 면접 질문들과 평가 기준들을 미리 마련해 두어야 한다는 것이다.

특정한 역량에 초점을 맞추지 않고 지원자의 전반적 특성을 고루 점검하는 임원 면접에서는 인·적성검사에 대한 서술적 결과표(narrative report)가 큰 도움이 될 수 있다. 국내에서 나온 인·적성검사 결과를 보면 대개 숫자와 그래프 위주로 구성되어 있어서 지원자가 어떤 특성, 장단점을 갖고 있는지 한 눈에 파악하기 어려운 경우가 많다. 외국에서 개발된 검사의 경우 결과표의 분량이 엄청나면서도 대부분 결과는 사전에 정의된 알고리즘에 따라서 기계적으로 찍히기 때문에 지원자의 두드러진 개성을 파악하기 어렵고 특히 요약하려면 시간이 걸리는 경우도 많다. 따라서 짧은 시간 안에 지원자의 전반적 특성을 파악하고 면접에서 어떤 특성을 더 검증해야 할지를 알려 주는 서술적 결과표가 있다면 면접에 크게 도움이 될 수 있다.

> 검사의 특성과 특정 지원자의 검사 결과를 잘 이해하면 면접에 유용하게 활용할 수 있다.

인성검사 결과와 면접에서의 관찰 내용이 다르다고 면접위원이 느낄 만한 사례들이 있다. 물론 인성검사가 '틀려서' 이런 일이 일어날 수 있다. 앞에서도 말했지만 어떤 도구도 100% 정확한 도구는 없기 때문에 인성검사나 적성검사나 항상 오차를 달고 다니게 마련이다. 특히 인성검사는 검사마다 정확도에 차이도 있으며, 지원자가 어떤 마음을 먹고 했느냐에 따라서도 결과에 변화가 있을 수 있다. 인성검사 결과와 면접에서의 관찰 내용이 서로 달라 보이게 만드는 또 다른 이유는 인성검사에서 중요하게 보는 지원자의 특성이 면접에서 짧은 시간 관찰해서는 잘 보이지 않는 특성들이기 때문이다. 예를 들어서 성실성이나 정서성 같은 특성들은 통상 진행하는 30분 내외 면접으로는 충분히 확인하기 어렵다. 따라서 최종면접을 진행하는 임원이라면 인성검사 결과와 면접에서의 관찰 내용이 다를 경우 지원서 내용 등 가능한 한 많은 정보를 종합해서 합리적인 판단을 내릴 수 있어야 한다. 이런 정보의 종합이 어렵다면 외부 전문가를 면접위원으로 위촉해서 종합적인 해석에 도움을 받는 것도 좋은 방법이다.

배치 상담에서의 활용

큰 회사의 경우에는 채용담당자는 채용까지만 하고 채용된 이후는 대개 HRD 부서에서 바통을 이어받아서 이후 일정을 진행하게 된다. 다만 신입사원 연수가 끝날 무렵 배치를 하려 하면 다시 HRM 부서와 협조해서 일을 하게 되는데 이 때 인·적성검사 결과를 활용할 수 있다. 특히 모집분야를 세분화하지 않고 채용을 진행했을 경우 어느 부서나 어느 직무에 배치할 것인지가 고민이 되는데, 이 때 다시 한 번 검사 결과를 참고할 수 있다. 인성검사건 적성검사건 배치할 직무에서 필요로 하는 하위 요소들의 가중치를 적용해서 직무적합도를 보는 방식을 취하기 쉽다. 예를 들어서 마케팅, 생산, 연구개발, 경영지원 직군이 있다면 인성검사나 적성검사의 기본 요소들 중에 각 직군에서 더 중요하게 보는 요소들에 가중치를 많이 줘서 적합도를 알아보게 된다. 그런데 대개 보면 적성검사 결과는 변별력을 크게 내기 어렵다. 왜냐 하면 기본 요소들간의 상호 상관이 너무 높아서 전반적으로 점수가 높으면 여러 직군이나 직무에 대한 적합도가 고루 높게 나타나기 때문이다. 인성검사의 경우에는 그런 경향이 조금 덜 해서 어느 직무가 지원자에게 가장 적합할지에 대한 힌트를 얻을 수 있는 경우가 적성검사에 비해서 많을 것이다. 특히 적성검사의 직무적합도가 특정 직무의 일을 해낼 수 있는 지적 잠재력을 측정하는 데 비해서, 인성검사에서 재는 직무적합도는 그 직무의 일이 "통념적인 적성"에 맞는지, 즉 그 사람의 성격이나 취향, 흥미, 동기, 가치관 등에 잘 맞는지를 본다는 점에서 장기적으로 직무만족도를 더 잘 예측할 수 있다 하겠다.

제5장

일반 면접

　채용담당자에게 면접은 부담스러운 숙제다. 면접은 최종 관문을 통과하기 위해 추려진 지원자들과 그들을 평가할 회사의 인력이 직접적으로 만나는 자리다. 지원자들과 평가자들이 유기적으로 함께 움직이도록 시간과 동선을 짜는 것부터 어떤 방법으로 어떻게 평가할지까지 명확하게 정리하지 않으면 여기저기서 불만이 터져 나오기 쉽다. 다른 채용 업무도 마찬가지이지만, 특히 면접은 잘해야 본전, 잘못하면 욕먹기 십상이다.
　본전을 넘어 회사가 붙잡아야 할 인재를 놓치지 않는 과학적이고 체계적인 면접. 채용담당자가 꿈꾸는 면접으로 나아가기 위해 생각해야 할 점들을 하나씩 짚어 보기로 하자.

면접의 발견

　면접은 인류의 고대 역사로부터 가장 오래도록 있었던 채용 방법이다. 성경에 나오는 솔로몬 왕은 한 아기를 두고 서로 자기 아이라고 다투는 두 여인에게 아기를 반으로 갈라 나누어 가지라는 명령을 통해 진짜 엄마를 가려낸다. 대화를 통해 진짜 인재를 찾는 일종의 면접이라 할 수 있다. 이솝 우화에 나오는 금도끼 은도끼 이야기에서 "이 도끼가 네 도끼냐?"라는 질문을 통해 정직성을 평가하는 것도 역시 면접이다. 면접보다 타당도가 높은 다른 선발도구들도 언젠가는 없어질 수 있지만, 누가 뭐라 해도 직접적인 사람의 판단을 믿을 수 있다는 심리적 마지노선이 무너지지 않는 이상 면접은 아마도 가장 끝까지 남을 채용 방법이 아닐까 싶다.

우리의 일상생활에서도 면접과 유사한 상황은 수없이 접하게 된다. 요즘 유행을 넘어 범람하고 있는 각종 오디션 프로그램은 채용으로 치면 모의 직무 테스트(job simulation) 내지 PT(presentation) 면접에 가깝다. 노래, 연기, 춤 등 자신의 전문성을 정해진 형식에 맞춰 짧은 시간 내에 최대한 보여 주어야 한다. 본 공연을 전후하여 진행하는 간략한 질의 응답에서는 지원동기, 포부, 자신의 강약점 등을 다루는데, 이는 전통적인 면접의 단골 메뉴이다. MBC에서는 '신입사원'이라는 아나운서 공개 채용 프로그램을 통해 단순 오디션을 넘어 회사의 다양한 면접 과정을 시연해 준 바 있다.

이보다 더 직접적이고 개인적인 경험으로 배우자나 애인을 고르는 과정을 들 수 있다. 모태솔로에다가 이성에 대한 관심이 전혀 없는 사람이 아니라면 맞선이나 미팅, 소개팅 등을 해 본 경험이 있을 것이다. "어떤 일을 하세요?", "어떤 스타일의 이성을 좋아하시나요?", "살면서 중요하게 생각하는 것은 무엇인가요?" 등의 면접 질문을 통해 단 1명을 채용하는 '나'라는 회사에 적합한 인재인지 면접을 진행한다. 어떤 사람은 짧게 면접을 끝내고 "결혼합시다!"라는 합격 통보를 내리고, 어떤 사람은 1차, 2차, 3차를 거쳐 수십, 수백 차의 면접을 통해 최종 결정을 내린다. 내가 보는 실무 면접에서 끝나지 않고 부모님이 보는 임원 면접까지도 통과해야 한다. 매우 보수적인 옥상옥(屋上屋) 구조의 집안에서는 조부모님을 비롯한 여러 어른들까지 임원으로 배석하기도 한다. 독자마다 각각의 상황과 장면에 따라 지원자와 평가자 입장 모두를 겪어 보았을 것이다.

> 일상생활에도 면접과 유사한 상황은 많이 일어난다. 배우자 선택, 선거, 상품 구매에서도 비슷한 의사결정이 이루어진다.

선거나 상품 구매 과정에서도 비슷한 방식의 의사결정이 이루어진다. 학창 시절 반장 선거로부터 대통령이나 국회의원, 여러 단체장 선거까지 자신을 뽑아 달라고 주장하는 많은 후보자들 중 누가 적임자인지 유권자는 판단해야 한다. 많은 유권자들이 직접 면접을 진행하지 못하기 때문에 이력서와 자기소개서, 개인 PT와 집단 토론 등이 판단을 위한 정보로 계속 제공된다. 물건 하나를 살 때도 자기소개서에 해당하는 카탈로그와 구매자들에 의한 평판 조회(Reference Check)를 확인하고, 물건을 파는 사람과의 간접적인 면접을 거쳐 최종 구매 여부를 정하게 된다.

이처럼 면접은 채용 외의 장면에서도 자주 일어나고 있다. 면접이 뭐 그리 대단한 일인가 생각하는 일반인이나 스스로를 '척 보면 아는' 면접 전문가라고 생각하는 임원들이 있는 것도 이와 같이 직간접적으로 면접을 자주 접하는 현실 때문일 수 있다.

면접이란?

면접(面接)이란 한자의 뜻 그대로 '얼굴을 접한다', 즉 '서로 대면하여 만나본다'는 말이다. 영어 단어인 'interview'도 '상호간에(inter) 본다(view)'는 뜻으로, 주로 취업이나 진학에 적절한지를 알기 위해 질문을 주고 받는 공식적인 만남을 의미한다.

채용에서의 실전적 의미로 정의해 보자면 '대화를 통한 정보 수집의 과정'이라 할 수 있다. 패션 모델과 같이 외모가 중시되는 직업은 대화보다는 인상이나 용모 위주로 1~2분의 짧은 시간에 관찰 평가를 하기도 하지만, 일반적인 면접은 충분한 대화가 필수적 요건이다. 채용 면접은 결정권을 쥔 회사 측에서 질문하고, 지원자는 그에 답하는 형식의 대화를 주로 취한다.

면접은 목적이 있는 만남이다. 여유롭고 편안한 분위기에서 많은 대화를 나누었다고 해서 그게 곧 면접이 되지는 않는다. 채용 면접은 지원자가 회사나 직무에 얼마나 적합한지에 대한 의사결정을 목적으로 한다. 이것이 다른 무엇보다 우선하기 때문에 면접위원은 제한된 짧은 시간을 목적 달성을 위해 효과적으로 사용해야 한다.

채용 면접이란?
1. 대화와 관찰을 통해 이루어지는
2. 채용 의사결정을 위한 정보 수집의 과정

면접의 최근 경향

면접은 오래 전부터 있어 왔지만, 최근에는 여러 가지 면에서 많은 변화가 일어나고 있다. 면접의 최근 경향을 몇 가지로 살펴 보면 다음과 같다.

면접 질문 및 평가 항목

현재 우리나라의 취업 문화는 과거와는 확연히 다르다. 대규모 공채가 많고 장유유서의 유교 문화에 익숙한 우리나라에서는 대부분의 신입 직원 채용에서 회사가 '갑'이고 지원자가 '을'이다. 더구나 갈수록 취업이 어렵고, 인기 있는 대기업과 나머지 기업 간의 양극화가 심화되고 있다. 따라서 대부분의 지원자들은 유망한 대기업 취업을 위해 치열하게 경쟁하며 열심히 면접 스터디를 한다. 구직자 까페에 올라온 기출문제 중심으로 예상 질문 리스트를 뽑아 모범 답안을 작성하고, 서로 지원자와 평가자 역할을 바꾸어 모의 면접을 하면서 면접 태도까지 준비하고 있다. 더욱이 과거처럼 평생 직장 개념이 사라지고 이직이 잦아지면서(최근 통계청 조사에 따르면 청년들은 첫 직장을 평균 1년 4개월 만에 그만둔다고 한다.) 경력직 채용도 점점 범위가 넓어지고 있다. 예전에 자식들 좋은 대학 보내려고 그토록 애썼던 부모들은 이제 좋은 직장에 보내고자 취업 설명회도 쫓아 다니고 있다.

이렇게 취업 준비를 위해 백방으로 애쓰는 현실을 고려할 때 면접위원의 주관적 견해에 근거하여 생각이나 포부를 묻는 것으로는 지원자들의 조직이나 직무 적합성을 검증할 수 없고 잘 변별되지도 않는다. 회사들도 이에 발 맞추어 전통적인 비구조화 면접에서 구조화 면접으로 대부분 옮겨 가고 있다.

  비구조화 면접과 구조화 면접을 가르는 구조화의 범위는 면접 형식 전반에 걸쳐 있다. 면접 질문, 면접 평가 항목 및 기준, 면접 시간, 전체적인 진행 방식 등에 있어 비구조화 면접은 최소한의 틀 외에는 면접위원의 재량에 크게 의존한다. 때문에 비구조화 면접에서는 면접위원의 주관성이 개입될 여지가 크며, 이는 면접의 타당도와 공정성을 떨어뜨리는 요인이 된다. 이에 비해 구조화 면접은 사전에 체계적으로 구성된 면접 도구와 훈련된 면접위원에 의해 면접의 전체 흐름과 평가가 일관되게 유지된다. 혹자는 괜히 까다롭기만 하고 융통성 없이 기계적인 평가를 하는 것 아니냐며 구조화 면접을 비판하지만, 오히려 그렇기 때문에 면접의 타당도가 높아지며 구조화 면접 안에서도 면접위원의 스타일은 일정 부분 존중된다.

	비구조화 면접	구조화 면접
면접 질문	면접위원의 주관에 의존	사전에 정해져 있음
개인별 면접 시간	차이가 있음	대체로 균일한 편임
면접위원 교육	안 하거나 태도 위주로 짧게 함	필수적임
평가 기준	모호하여 면접위원의 종합적 판단을 따르는 경우 많음	면접위원의 임의적 판단을 배제하고 분명하게 정의된 기준을 따름
타당도	낮음	높음

구조화 면접에도 여러 가지가 있지만, 가장 대표적인 것으로 역량 면접을 꼽을 수 있다. 전통 면접과 역량 면접의 차이는 전통적인 자기소개서와 역량기반 지원서의 차이와 거의 유사한다. 전통 면접은 성장 배경, 자신의 장단점, 지원 동기, 입사 후 포부 등을 주로 질문하여 인성 전반에 대한 종합적 평가를 한다. 반면 역량 면접은 과거의 실제 경험에 대한 질문을 통해 평가해야 할 역량의 증거를 찾는 데 주력한다.

역량 면접 외에도 브레인티저(brainteaser)나 상황 면접 (situational interview)과 같은 특수한 형태의 면접을 덧붙이는 경우도 점차 늘어나고 있다. 각 면접에 대한 상세 설명은 뒷부분에서 다루기로 한다.

면접 구성 변화

면접 질문이나 평가 항목의 변화에 따라 면접의 틀도 함께 바뀌고 있다. 과거에는 지원자 1인당 면접 시간이 5분 이내로 전통 면접을 진행하는 회사가 대부분이었다. 지원자 5명이 함께 들어와서 평가 시간 포함 전체 30분 정도로 운영하는 형식이 가장 대표적이다. 심지어 어떤 회사는 지원자 7~8명에 전체 20분 정도로 운영하는 경우도 있었다. 그러나 최근에는 대규모 그룹 회사를 중심으로 역량 면접을 도입하면서 지원자 1인당 20분 이상의 시간을 배정하는 회사가 많아졌다. 면접위원 인력을 많이 차출할 만한 여유가 있는 경우에는 지원자 1인당 40~50분까지 주는 경우도 있다. 우리나라도 대규모 신입 공채 중심에서 소규모 수시 채용 위주로 바뀌어 갈수록 면접 시간이 점차 늘어날 것으로 예상된다.

면접 대상 인원은 보통 최종 채용 인원 대비 2~3배수인 경우가 많으며, 최대 5배수 이내이다. 과거에는 지원자 5명, 면접위원 5명 정도의 다대다 면접이 일반적이었으나, 최근에는 1개 면접 조의 지원자와 면접위원 수가 각각 2~3명 이내로 감소하고 있다. 특히 여러 지원자를 한 조로 묶어 면접 진행을 하면 답변 순서에 따른 유불리나 상호 영향의 문제 등이 있어 가급적 1개 조 인원을 최소화하거나 아예 다대일 면접으로 진행하는 것이 바람직하다. 면접위원은 주관적 평가로 인한 오류 가능성 때문에 최소 2인이 들어가는데, 면접위원의 숙련도가 높으면 2인, 일반적인 경우라면 3인이 1개 조로 들어가는 것이 보통이다.

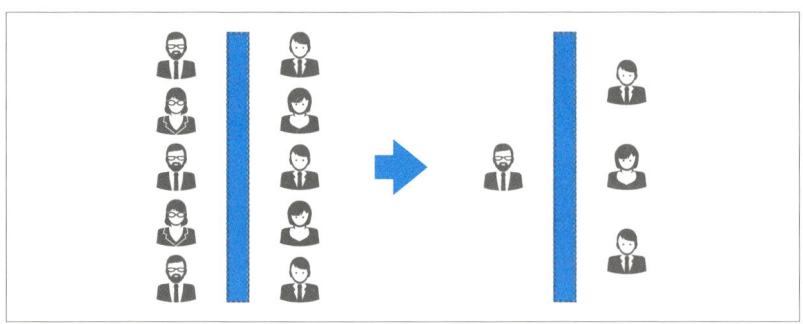

면접은 다른 선발도구와 연계되어 진행될 때가 많다. 대개는 인·적성 검사를 통해 일차적으로 선별한 인원을 면접 대상자로 정하지만, 여건상 지원자를 여러 번 부르기 어렵거나 인·적성검사의 반영 비율이 낮은 회사는 면접 날 인·적성검사를 함께 보기도 한다. 보다 보편적인 형태는 시뮬레이션 면접과의 연계하는 것이다. PT면접, 토론면접, 역할극, 복합면접 등과 묶어서 대기 시간을 최소화하는 순환(rotation) 식의 운영을 하는데, 이러한 패키지의 전체 시간이 길어지면 합숙 면접이 되기도 한다.

면접 비중 증가

서류 전형이나 인·적성검사 등에서 일률적으로 정량화되어 나오는 결과만으로는 꼭 뽑아야 할 핵심 인재든, 선별해야 할 잠재적 위험 인력이든 100% 변별하긴 어렵다. 그래서 대개의 회사는 이러한 간극을 면접에서 채워 주길 기대한다. 특히 대규모 채용일수록 지원자를 근접 거리에서 확인할 수 있는 수문장(gatekeeper) 역할로서 면접이 중요한 의미를 가진다.

2010년 외교통상부 장관 딸의 채용 특혜 문제가 불거지면서 면접의 공정성 이슈가 크게 부각된 바 있다. 이에 공공기관이나 공기업에서는 중립성과 전문성을 갖춘 대학 교수나 역량 평가 전문가를 외부 면접위원으로 1~2명씩 포함시켜 면접을 운영하는 경우가 늘고 있다. 친·인척 지원자에 대한 인사 청탁이 많은 기관일수록 면접 평가의 독립성을 보장하기 위한 시스템적 장치 마련에 공을 들인다.

최근에는 공채 외에도 수시 채용이 잦아지면서 사내 전문 면접위원 양성에 대한 관심과 필요가 점차 커지고 있다. 칼이 아무리 날카로워도 그것을 휘두르는 장수의 검술과 무예가 부족하면 별 소용이 없듯이, 면접도구가 아무리 훌륭해도 면접위원이 그것을 제대로 소화하지 못하면 면접의 타당도는 떨어진다.

바쁜 실무에 치이다가 일회성으로 불려 나와서 대충 면접을 끝내고 마는 것이 아니라 면접에 대한 일관된 관점과 방식, 평가 기준을 가지고 전문성을 쌓아 가는 내부 전문가가 필요한 것이다. 채용담당 부서에서는 현업의 부담을 줄이고자 노력하지만, 그렇다고 해서 이러한 내부 전문가가 인사 부문에서만 나오는 것은 바람직하지 않다. 특히 면접에서의 평가 항목이 기본 공통 역량이 아니라 실무적 이해에 기반한 직무 역량이라면 더더욱 현업 부서의 면접 전문가가 필요하다.

인력 충원 요청이 많은 실무 부서일수록 이러한 부분에 대한 공감대를 갖고 적극적으로 협조하며 참여해야 현업의 필요에 적합한 인재를 선발할 수 있을 것이다.

면접의 종류

면접의 종류를 나누는 방식은 다양하나, 여기에서는 전통 면접과 역량 면접, 브레인티저와 상황 면접까지 다루고 통상 면접의 범주로 생각하는 PT면접, 토론면접, 역할극면접, 복합면접 등은 뒤의 시뮬레이션 면접 장에서 따로 다루도록 하겠다.

전통 면접

채용 방식의 변화는 글로벌 기업을 지향하는 사기업들이 선도하는 것이 일반적이다. 공공기관이나 공기업은 태생적으로 보수적인 면이 있어 타 회사에서 충분히 검증된 후에 개선을 시도하는 경우가 많다. 사회 정치적 상황에 따라 구조조정이 이루어지거나 채용 여부, 규모 등이 달라지고 CEO가 자주 바뀌기 때문에 채용 정책에 일관성을 유지하

> 전통 면접은 평가 기준이 모호하고 면접 시간이 짧아 '인상면접'이 되기 쉽다.

기 여의치 않다.

　인·적성검사를 제외한 필기시험이 오래도록 남아 있었던 것처럼 전통 면접도 대체로 공기업들 위주로 시행되고 있다. 대개 '인성면접'이라는 이름을 붙여서 다대다 형식의 면접으로 진행하는데, 자기소개서를 모두 출력하여 두툼한 기초 자료로 각 면접위원 자리에 준비해 두지만 면접 시간이 워낙 짧아 '인상면접'이 되기 쉽다.

　전통 면접에서 흔히 묻는 질문은 다음과 같다.

- 우리 회사에 지원하게 된 동기는 무엇입니까?
- 우리 회사에 입사한다면 어떤 일을 하고 싶습니까?
- 우리 회사에 대해 얼마나 알고 있습니까?
- 자신의 성격의 강·약점은 무엇입니까?
- 10년 후의 자신의 모습은 어떻게 예상합니까?

　전통 면접을 진행하는 회사에서도 위와 같은 질문 리스트를 미리 준비해 두기도 한다. 그러나 전통 면접의 질문들은 대개 평가 요소와 체계적으로 매칭해서 만들지 않기 때문에 크게 얽매일 필요는 없다. 오히려 면접 시간이 짧기 때문에 선택과 집중을 통해 각 지원자에게 맞춤화 된 질문을 던질 필요가 있다. 다만 면접위원이 하지 말아야 할 질문과 행동이 무엇인지를 상기하고, 특히 성별이나 학력에 따른 차별 이슈가 생기지 않도록 주의한다.

> **고용노동부에서 제시하는 면접에서 하지 말아야 할 질문 (2007년 표준면접 가이드라인)**
>
> 1. 인적사항 관련
> 직무와 관련이 없는 개인적 사정은 질문서에도 포함시키지 않고,
> 면접하면서 질문하지 않도록 한다.
> ⅰ) 결혼, 이혼 여부와 그 이유, 계획여부에 대하여 질문항목에서 제외하고 질문하지 않는다.
> ⅱ) 자녀 유무와 출산계획, 육아관련 사정에 대하여 질문하지 않는다.
> ⅲ) 다른 가족구성원의 연령과 직업에 대하여 질문하지 않는다.
> ⅳ) 나이에 대하여 면접과정에서 부정적으로 언급하지 않는다.
> ⅴ) 여성에게 용모 관련 언급을 하지 않는다.
>
> 2. 직무사항 관련
> 성별에 따라 질문사항을 달리하지 않도록 하고,
> 직무와 관련이 없는 질문을 하지 않는다.
> ⅰ) 여성에게는 가족 관련 질문을 하고, 남성에게는 직무 관련된 질문을 하는 등
>   성별에 따라 다른 질문을 하지 않는다.
> ⅱ) 여성에게 결혼 또는 출산 이후 계속 취업 유무를 묻는 질문을 하지 않는다.
> ⅲ) 여성에게만 커피심부름 등 본 직무와 관련 없는 업무수행이 가능한지에 대하여
>   질문하지 않는다.
> ⅳ) 여성에게만 해외출장이나 지방출장, 지방근무가 가능한지 질문하지 않는다.

전통 면접에서는 다음과 같은 사항에 유의해서 면접을 진행하는 것이 바람직하다.

첫째, 이력서 상의 공백기간이나 특이사항을 확인한다.

요즘은 많은 채용에서 나이 제한, 학력 제한을 없애면서 같은 채용 건의 지원자 나이 폭이 넓어졌다. 더구나 취업이 어려워지고 취업 준비에 들이는 시간과 노력이 많아지면서 대학 재학 기간도 과거보다 크게 늘어났다. 인크루트의 2011년 조사에 따르면 대학 졸업자의 평균 재학 기간은 1990년대 중후반부터 꾸준히 증가하여 2010년에는 6년 1개월까

지 늘었다. 2011년엔 5년 10개월로 처음 감소세로 돌아서서 스펙에 대한 의존도가 낮아지는 변화의 조짐이 보이고 있으나, 이제는 전통적인 스펙 쌓기 외에도 인턴이나 아르바이트, 동아리 활동, 창업, 외국생활 등 다양한 경험 쌓기가 중시되고 있어 면접위원들의 과거와는 전혀 다른 양상으로 대학생활을 길고 다양하게 하고 있음을 이해할 필요가 있다.

대학 재학 기간을 성별로 나눠 보면 남자는 7년(34.9%) > 8년(22.2%) > 6년(19.3%) 순이고, 여자는 4년(45.2%) > 5년(39.1%) > 6년(12.1%) > 7년(2.3%) 순이다. 요즘은 군 복무 기간이 더 짧아졌음에도 실제 공기업 면접에 가 보면 대학 재학 기간이 9~10년인 남학생도 적지 않다. 이처럼 재학 기간이 필요 이상 길거나 졸업 이후 지원 시점까지 공백이 있는 경우에는 해당 기간을 어떻게 보냈는지 물어볼 필요가 있다. 불가피한 사정으로 인한 경제 활동이나 역량 개발을 위한 다양한 노력의 시간들이었다면 괜찮겠지만, 과도한 동아리 활동이나 방만한 생활로 인해 학사경고의 압력 속에서 학점을 만회하는 시간들이었다면 일단 성실성이나 책임감 면에서 부정적인 증거로 볼 수 있다.

인턴이나 아르바이트, 창업 등의 경험이 있다면 지원 분야와 어떻게 연계될 수 있으며 구체적인 결과나 주위 평가가 어떠했는지 확인해 보는 것이 좋다. 특히 지원 분야와는 전혀 다른 전공 학과 출신이라면 지원 동기와 함께 해당 분야의 전문성 확보를 위한 노력을 점검할 필요가 있다.

둘째, 이력서와 자기소개서 간의 비일관성을 질문한다.

거의 모든 지원자들이 자기소개서에는 있는 장점, 없는 장점까지 최대한 포장해서 기술한다. 자기소개서만 봐서는 웬만한 사람은 다 뽑지 않으면 안될 지경이다. 그러나 이력서는 보다 객관적인 삶의 행적들이 담겨 있다. 물론 학점에 인플레이션 현상이 있고 영어 점수나 자격증도 실력 외의 요령이 많이 작용하기 때문에 이력서도 100% 액면 그대로 신뢰할 수는 없지만, 그래도 자기소개서에 비해서는 객관적인 결과물이다. 따라서 둘 간의 차이가 나타나는 부분이 있으면 반드시 확인해 보아야 한다.

예를 들어, 자기소개서에 자신의 장점을 적극적이고 도전적이라고 쓴 지원자가 학점이나 영어 성적도 그리 높지 않고 이렇다 할 활동 경력도 없다면 적극성과 도전정신의 구체적 증거를 제시해 보도록 요구할 수 있다. 때로는 자기소개서 내에서도 상충되는 양상이 드러날 수 있다. 자신이 매우 꼼꼼하고 오히려 지나친 완벽주의가 단점이라고 언급한 지원자가 지원 회사 이름을 잘못 적는다든지 오타가 많으면 자기소개서에서 내세우는 주장의 신빙성은 떨어질 수밖에 없다.

> 이력서는 자기소개서에 비해서는 객관적인 결과물이다. 따라서 이 둘 간의 차이가 나타나는 부분이 있으면 반드시 확인해 보아야 한다.

셋째, 취약 포인트에 대해 탐침한다.

회사의 주요 인재상이나 지원 분야의 직무 역량에 비추어 볼 때, 자기소개서나 인·적성검사 결과에서 약점으로 보이는 점이 있으면 해당 역량 관련 탐침 질문을 던지는 것이 좋다. 예를 들어, 인·적성검사 결과에서 창의나 혁신 관련 점수가 낮게 나왔다면 "최근 3년간 경험 중에 기존 관습이나 남들의 일반적 패턴과 달리 획기적인 아이디어나 새로운 시도를 해 본 일은 무엇입니까?"와 같은 질문을 통해 해당 역량의 보유 정도를 파악할 수 있다.

전통 면접에서는 대개 시간 상 제약이 있긴 하겠지만, 가급적 역량 면접과 유사하게 최근의 실제 경험을 확인하는 것이 바람직하다. 다만 전통 면접에서는 구체적 평가 지표가 확보되어 있지 않은 경우가 대부분이므로 지원자들의 일반적인 경험 세계에 대한 최소한의 이해가 선행되어야 한다.

전통 면접에서는 면접위원의 역량이 절대적으로 중요하기 때문에 위와 같은 팁을 포함한 면접위원 교육을 사전에 진행하는 것이 바람직하다. 전통 면접을 진행하는 채용담당자는 각 조 지원자들이 면접장에 들어가기 전에 면접위원들이 지원자들 관련 자료를 5분이라도 미리 읽어보고 체크포인트를 정리할 수 있도록 시간 계획을 짜는 것이 좋다. 만약 이 정도의 시간 할애도 어려운 상황이라면 각 면접위원이 한 사람씩의 지원자를 맡아 자료 검토 및 질문까지를 전담할 수 있으나, 이 경우 자신의 담당 여부에 따라 지원자별 정보량에 차이가 생겨 불균형한 평가가 이루어지지 않도록 주의할 필요가 있다.

역량 면접

역량 면접은 행동 사건 면접, BEI(Behavioral Events Interview), BDI(Behavioral Description Interview), CBBI(Competency-Based Behavioral Interview) 등으로 불린다. 말 그대로 역량에 기반한, 또는 역량과 관련된 실제 행동 경험을 묻는 면접 방식이다. 역량 면접은 2000년대 중반 이후 많은 국내 기업에서 도입했으며, 역량 기반 채용 프로세스를 구축하는 과정에서 가장 대표적인 평가 방법이라 할 수 있다.

역량 면접의 가장 중요한 전제는 역량 기반 지원서와 마찬가지로 "과거 행동이 미래 행동을 예측한다"는 것이다. 자신이 성실하다고 주장하는 사람이 미래에 성실할 확률은 얼마나 될까? 답은 '알 수 없다'이다. 채용 장면에서는 누구나 좋은 평가를 받고자 노력하기 마련이며, 면접까지 참여했을 때는 입사 가능성과 의지가 더 높은 상황이므로 더더욱 그러하다. 필자는 면접위원 앞에서 "전 솔직히 성실하지 않습니다"라고 말하는 지원자를 만나본 적이 없다. 그런 지원자가 있다면 면밀히 분석해야 할 연구 대상일 것이다. 입사 후에 진짜 성실하게 일할 지원자를 찾으려면 실제로 성실하게 일한 경험의 증거들을 제시하도록 해야 한다. 학사 경고를 받을 정도로 학점이 낮은 사람과 개근상을 받고 주변에서 성실성을 인정해 준 사람이 있다면 앞으로 누가 성실하겠는가? 당연히 후자다. 성실해 보이는 외모나 신뢰감을 주는 목소리가 있을지는 모르나, 지원자의 실제 경험에 비해서는 예측력이 확연히 낮기 마련이다.

역량 면접을 진행하려면 역량 면접 도구를 먼저 확보해야 한다. 역량 면접은 구조화된 면접이기 때문에 사전에 무엇을 잴 것인지, 어떻게 잴 것인지가 미리 정해져 있어야 한다. 회사의 채용담당자들은 역량 평가 기관의 역량 면접 도구를 가져와서 쓸 것인지, 아니면 회사 고유의 역량 면접 도구를 개발할 것인지를 결정해야 한다. 이러한 결정에는 대개 비용 또한 문제가 되는데, 일정 규모 이상의 대기업에서는 자사의 역량 모델에 맞춤화한 역량 면접 도구를 개발하고, 그렇지 않은 중소기업에서는 범용 모델 중 필요한 부분을 취사선택하여 적용하는 것이 일반적이다.

역량 면접에서의 평가 항목은 직무 분석이나 역량 모델링을 통해 채용하려는 인력의 필요 조건이 무엇인지를 정의하는 데서 도출된다. 2장에서 언급한 역량 기반 선발 프로세스를 설계하는 과정에서 역량 면접에서 평가해야 할 역량 리스트를 결정하게 된다. 이 때 각 역량에 대한 조작적 정의와 구체적 행동지표가 포함된 역량 사전이 있어야 이후 '어떻게 잴 것인가' 단계로 넘어갈 수 있다. 그렇지 않으면 똑같은 '열정'이라는 역량에 대해서도 면접위원마다 다른 개념을 가지고 임의적으로 평가할 소지가 있다.

무엇을 잴 것인지가 확정된 후에는 어떤 면접 질문으로 지원자들의 경험 세계를 탐색하고 거기서 나오는 답변을 어떤 평가 기준으로 채점할 것인지 구체적인 도구 개발에 들어가게 된다. 역량 면접의 질문은 시작 질문(opening question)과 후속 탐침 질문들(probing questions)로 나누어진다. 전통 면접은 하나의 질문에 대해서 지원자의 답변을 들으면 대개 다른 주제의 질문으로 넘어가지만, 역량 면접에서는 하나의 행동 사건에 대해 계속 질문을 던져 경험 세계를 구체적으로 파고든다. 때문에 지원자들 사이에서는 '꼬리에 꼬리를 무는 면접', '진땀 나는 면접' 등의 별칭으로 불리기도 한다.

시작 질문은 평가하려는 역량과 관련하여 최근의 경험을 떠올릴 수 있는 정도의 질문이면 충분하다. 예를 들어 '성취지향성'을 평가하는 역량 면접이라면 "최근에 가장 높은 목표를 세워 그것을 달성해 낸 경험으로 어떤 것이 있습니까?"와 같이 화두를 던질 수 있다. 최근 경험을 답하도록 하는 이유는 최근의 경험일수록 미래에 대한 예언력이 높기 때문이다. 초등학교 때 공부 잘 한 사람보다는 대학교 때 공부 잘 한 사람이 대학 졸업 후 입사해서 일을 할 때 높은 성과를 낼 확률이 높은 것

> 역량 면접에서는 하나의 행동 사건에 대해 계속 질문을 던져 경험 세계를 구체적으로 파고든다.

은 당연한 이치다.

시작 질문을 매번 공채 때마다, 또는 매 면접 조마다 다르게 할 필요는 없다. 역량 면접의 질문은 정해진 정답을 갖고 물어보는 것이 아니라 지원자의 실제 경험을 듣기 위한 도구적 장치 이상도, 이하도 아니다. 따라서 지원자가 듣지도 보지도 못한 새로운 질문을 만들어 내느라 굳이 애쓰지 않아도 된다. 다만 한 조에 여러 명의 지원자가 함께 면접을 보는 상황이라면 질문에 대한 답변 준비 시간을 동등하게 유지하도록 지원자 수만큼 다른 시작 질문을 준비해 두는 것이 좋다. 같은 역량을 평가하는 질문이라면 정의나 핵심 개념에서 벗어나지 않는 범위에서 다른 형태로 질문이 가능하다. 조금 전 예라면 "최근에 가장 크게 노력하여 성공을 거둔 경험은 무엇입니까?"와 같은 질문을 할 수 있다. 우리나라 30대 기업체의 인재상을 모아 보면 크게 7개로 압축될 수 있는데, 각각을 평가하기 위한 역량 면접 시작 질문 예는 다음과 같다.

인재상	시작 질문 예
도전	· 최근에 가장 높은 목표를 세워 달성해 낸 경험으로 무엇이 있습니까? · 불가능해 보이는 문제에 도전하여 해결한 경험으로 어떤 것이 있습니까?
전문성	· 전문성을 발휘하여 성과를 냈던 경험이 있다면 말씀해 주십시오. · 전공 분야에서 최고가 되기 위해 가장 많은 시간과 노력을 들인 경험으로 어떤 것이 있습니까?

협력	· 집단 내에서 다른 사람들의 참여도와 팀워크를 향상시킨
	  경험으로 어떤 것이 있습니까?
	· 마음이 맞지 않는 사람과 조화를 이루어
	  긍정적인 결과를 만들어 낸 경험이 있다면 말씀해 주십시오.

인재상	시작 질문 예
창의	· 기존 방식과는 전혀 다른 새로운 시도를 해 본 경험으로 무엇이 있습니까? · 획기적인 아이디어를 내서 보다 나은 결과를 냈던 경험이 있다면 말씀해 주십시오.
글로벌 마인드	· 외국인들과 교류하면서 함께 일해 본 경험으로 무엇이 있습니까? · 외국의 다양한 지식과 정보를 활용하여 최적의 결과를 냈던 경험이 있다면 말씀해 주십시오.
책임감	· 난관에도 불구하고 끝까지 책임을 완수하여 성실성을 인정받았던 경험으로 무엇이 있습니까? · 다른 사람들이 꺼려 하는 일을 자원하여 전체를 위해 기여한 경험으로 어떤 것이 있습니까?
정직	· 수용하기 어려운 지시나 규정 때문에 마음 속에 갈등을 겪었던 경험이 있다면 말씀해 주십시오. · 무엇이 옳은 방법인지 결정하는 데 가장 고심이 되었던 경험으로 어떤 것이 있습니까?

시작 질문에 이어지는 후속 탐침 질문은 STAR 기법(STAR method/framework/approach)에 따라 진행한다. STAR란 상황(Situation), 과제(Task), 행동(Action), 결과(Result)의 영어 머리글자를 조합하여 만든 것으로, 대개 순차적으로 질문을 하면 된다. 상황이나 과제는 행동의 의미를 이해하기 위한 맥락(context) 이해의 목적으로 탐색하게 된다. 지원서도 대필해 주는 사례가 있는 최근의 현실을 고려하면 면접에서 말하는 경험도 가공된 이야기일 가능성을 전혀 배제할 수는 없으므로 참가한 대회나 동아리 이름, 관련된 사람 이름 등을 구체적으로 물어봄으로써 답변의 진위 여부도 부가적으로 확인할 수 있다. 조금 전 성취지향성 질문에 대해 어떤 지원자가 어떤 공모전에 출품하여 입상한 경험을 이야기했다면 이러한 질문들로 이어갈 수 있다.

- 언제, 얼마 간의 기간 동안, 어떤 공모전에 참가하였습니까?
- 누구와 함께, 어떻게 참가하게 되었습니까?
- 팀 내에서 맡았던 역할은 무엇이며, 어떻게 역할 분담을 했었습니까?
- 시작할 때의 목표는 무엇이었습니까?

행동은 역량 면접에서 가장 핵심적인 부분이다. 역량 면접의 목표는 지원자의 경험 속에 나타나는 실제 행동을 통해서 어느 정도 역량을 보유하고 있는지를 판단하기 위한 것이기 때문이다. 따라서 하나의 경험을 다루는 데 있어 행동 부분에 가장 많은 시간과 비중을 두어야 한다. 초보 면접위원일수록 상황이나 과제를 필요 이상 많이 다루다가 정작 행동 부분은 시간에 쫓겨 소홀히 다루고 넘어가는 경향이 있다.

행동을 탐색할 때의 핵심 질문은 "무엇을, 왜, 어떻게 했는가?"이다. 여기서 행동의 주체는 지원자 개인이라는 점을 명심해야 한다. 답변의 경험이 공모전 참가나 동아리 활동 등 여러 명의 공동 작업인 경우들이 있다. 이 때 지원자 자신이 한 일이 무엇인지를 명확히 짚어 보지 않으면 열심히 일한 사람들 사이에서 무임 승차한 사람(free-rider)에게 집단의 결과만 보고 오히려 좋은 평가를 내리는 우를 범할 수 있다. 따라서 '무엇을'에 대한 구체적 탐색은 지원자의 실제 참여도에 대한 증거 수집을 위해 필수적이다. '왜'는 행동의 동기가 얼마나 자발적이었는지를 이해하는 데 필요하다. 다른 사람이 시키거나 학사 규정 때문에 어쩔 수 없이 한 행동과 스스로 목표를 정해서 기회를 찾아 나선 행동은 당연히 그 의미가 다를 수밖에 없다. '어떻게'는 특히 인지적 역량을 파악하는 데 도움이 된다. 행동을 취하기에 앞서 어떤 점들을 고려하고, 어떤 전략과 계획을 세워 일을 진행했는지, 과정 상에 부딪치게 되는 난관은 어떻게 극복해 나갔는지를 통해 얼마나 효과적이고, 적극적인 노력을 기울였는지를 가늠할 수 있다.

행동에 대한 탐색이 끝났다면 그 결과 확인을 통해 해당 역량 평가의 마침표를 찍을 수 있다. 회사 업무에서는 과정보다도 결과가 중요한 경우가 대부분이다. 아무리 열심히 노력했다고 해도 객관적 결과가 충분히 뒷받침되지 않으면 노력의 방식이 비효율적이었거나 노력의 진정성이 없었다는 결론을 내릴 수밖에 없다. 한편으로 행동의 결과는 지원자가 속한 모집단 내에서 지원자의 역량이 어느 정도로 인정받았

> 행동을 탐색할 때의 핵심 질문은 "무엇을, 왜, 어떻게 했는가?"이다. 여기서 행동의 주체는 지원자 개인이라는 점을 명심해야 한다.

는지에 대한 지표로서 기능하기도 한다. 따라서 지원자들의 경험 세계에 대한 이해가 적은 면접위원일수록 지원자와 같은 상황에서 지원자의 주위 사람들은 어떤 행동을 취했고, 그와 비교해 볼 때 지원자의 행동은 어느 정도의 강도와 의미로 해석될 수 있는지 깊이 있게 탐색해 보는 것이 좋다. 이외에도 무엇을 배웠는지에 대한 질문을 통해 경험을 통한 학습 및 성장 가능성이 얼마나 잠재되어 있는지를 탐색해 볼 수 있다.

구분	일반적 면접 질문
S(상황)	· 언제, 어디서 있었던 일입니까? · 관련된 사람들은 누가 있었습니까? · 참가한 대회나 동아리 이름은 정확히 무엇이었습니까? 　(인턴이나 아르바이트 경험이라면, 회사나 상사 이름에 대한 질문)
T(과제)	· 그 일에서 어떤 역할과 과제를 맡았습니까? · 그러한 역할은 어떻게 해서 맡게 되었습니까? · 시작할 때 목표는 어떻게 세웠습니까?
A(행동)	· 구체적으로 당신이 취한 행동은 무엇입니까? · 어떤 계획과 방식을 통해 행동했습니까? · 진행 과정에서 생긴 문제는 무엇이었으며, 어떻게 해결했습니까?
R(결과)	· 실제 달성한 결과는 무엇이었습니까? · 그 경험을 통해 무엇을 배웠습니까? · 아쉬움이 남거나 다시 그 상황이 된다면 　다르게 시도하고 싶은 점은 무엇입니까?

그렇다면 역량 면접 질문에 대한 답변은 어떻게 평가해야 할까? 지원자가 말하는 과거 행동 속에 나타나는 긍정적 행동지표(positive behavioral indicators)와 부정적 행동지표(negative behavioral indicators)의 양과 강도를 종합하여 평가하는 것이 일반적이다. 앞서 3장에서 언급한 BOS와 BARS를 적절히 섞어서 쓰는 셈이다. 평가하려는 역량의 정의와 키워드를 지원자들의 경험 세계에 적용해 볼 때, 역량의 상위 집단과 하위 집단의 행동이 어떻게 다르게 나타날지를 정리하면 그것이 곧 평가 기준이 된다. 역량의 하위 구성 개념 별로 키워드를 범주화하여 구체적 행동지표와 함께 아래와 같이 한 장의 평가기준으로 정리하면 면접위원이 활용하는 데 유용하다.

Competency	Definition
도전/열정	최고의 성과를 내기 위해 스스로 높은 수준의 목표를 추구하고 어떠한 난관에도 굴하지 않는 의지와 열정

Keyword		Behavioral indicators
높은 목표 설정 및 어려운 문제에의 도전	+	주위 친구들이 선뜻 따라 하지 못할 수준의 목표를 세워 과감하게 뛰어든다.
	−	현재 수준에서 쉽게 할 수 있는 정도에 만족하고 현실에 안주한다.
진취적 의욕 및 긍정적 전망	+	여러 장애요인으로 가능성이 낮아 보여도 자신감을 갖고 스스로 동기를 부여한다.
	−	'과연 할 수 있을까' 걱정을 많이 하고 어려움에 부딪치면 목표를 하향 조정한다.
즉각적 실행 및 주도적 추진	+	뜻한 바를 바로 실행에 옮기고 적극적으로 자원을 동원하며 해결책을 찾아 나선다.
	−	조심스레 이모저모 따지고 망설이느라 시작이 늦어지고 기회가 올 때까지 기다린다.

 참고로 여기서의 부정적 행동지표는 일반적으로 생각하는 수준과는 차이가 있다. 면접에서의 답변은 자신을 최대한으로 잘 보이려는 의도가 공통적으로 깔려 있기 때문에 웬만한 부정적 경험은 지원자의 자체 필터링을 통해 걸러지게 된다. 앞서 예를 들었던 '성취지향성'의 경우, '별다른 목표 없이 시간을 낭비한다'와 같은 행동은 실제 생활에서는 존재하지만 면접에서는 나타나지 않는 답변이다. 따라서 면접에서의 부정적 행동지표로는 '부담 없이 할 수 있는 정도의 성취에 만족한다' 정도가 현실적이다. 즉 실생활에서 -5부터 +5까지 나올 수 있는 행동 범주가 있다면, 면접에서는 -1이나 0부터 +5 정도의 답변만 나오기 때문에 +2 정

도를 실질적인 0 정도로 평가하는 눈높이 보정이 필요한 것이다.

역량 기반 지원서와 마찬가지로 역량 면접에서의 답변 내용으로 군대 경험이나 취업 준비 행동은 가급적 배제하는 것이 좋다. 요즘은 과거와는 많이 달라졌다고 하나, 그래도 군대에서는 개인이 통제할 수 없는 외부적 상황이나 지시에 의해 원하든, 원하지 않든 무조건 해야 하는 행동들이 대부분이다. 그래서 군대 경험은 지원자의 실제 역량 수준을 의미 있게 보여주지 못하는 경향이 있다. 전역하자마자 취업 전선에 뛰어든 학사장교처럼 부득불 군대 경험을 이야기하지 않을 수 없는 경우도 간혹 있으므로 원칙적으로 불허하지는 않으나, 다른 대안적인 경험이 있다면 그것을 우선하고 군대 경험이라도 비교적 자율적 판단이 가능한 상황에서의 경험을 선택하는 것이 바람직하다. 취업 준비 행동도 현실적 필요에 의한 불가피한 행동인 동시에 지원 회사에 대한 입사 의지가 강함을 피력하는 의미가 있어 역량과의 관련성이 낮은 편이다.

대학생활을 한지 20년 이상 된 면접위원 중에는 신입 지원자들의 경험이 제한적이기 때문에 역량 면접은 업무 경험이 있는 경력직에나 적합한 방법이 아니냐고 반문하는 분들이 있다. 일견 일리 있는 지적이나, 요즘 대학생들은 과거와는 확연히 다른 대학생활을 한다는 것을 모르는 데서 나오는 질문이기도 하다. 1980년대처럼 사회적 격동이 많았던 시기에는 학생운동이나 수업, 제한된 여가 활동 외에 할 수 있는 일이 그리 많지 않았다. 그러나 1990년대 말 IMF 경제 위기를 지나면서 대학생들은 점점 개인화되었고 대학교도 취업 준비 기관으로서 실용 교육에 비중을 높여 가면서 대학생들은 학점과 영어 성적, 자격증 따기의 3종 스펙 쌓기와 함께 동아리 활동, 아르바이트 및 인턴, 해외 여행 및 어학 연수, 공모전을 비롯한 각종 대회 참가, 심지어 창업에 이르기까지 다양한 경험을 하지 않으면 대기업에 들어가기 어려운 현실이 되었다. 전공 분야나 지원자 풀(pool)에 따라 다소 차이는 있으나 면접위원들이 우려하는 것보다 지원자들의 경험은 풍부한 편이며, 일부 제한되는 경우라 하더라도 생각이나 포부를 묻는 것에 비해서는 실제 경험 탐색이 역량 평가에 보다 의미 있는 자료를 얻을 수 있음은 분명하다.

브레인티저

브레인티저(Brainteaser)는 '퍼즐 면접'또는 '사고력 면접'으로 불리기도 한다. 구글, 마이크로소프트와 같은 혁신적인 IT 기업이나 맥킨지와 같은 경영 컨설팅 회사의 입사 질문으로 흔히 알려져 있다. 앞서 논의한 전통 면접이나 역량 면접이 주로 가치, 동기, 태도 등의 정의적 특성을 비중 있게 본다면, 브레인티저는 문제 해결적 사고를 요하는 일종의 퍼즐로서 인지적 특성에 초점을 둔다. 문제에 대한 직관적 이해와 논리적 분석력, 순발력과 창의력, 수리능력까지 다면적 문제 해결력을 종합적으로 평가하는 데 효과적이어서, 최근 들어 대학교 입학사정관 전형의 면접 질문과 특목고, 자사고의 자기 주도 학습 전형 면접질문으로까지 등장하고 있다.

문항 형식은 다양하다. "에스키모는 훌륭한 사냥꾼이지만, 결코 펭귄을 사냥하지 않는다. 그 이유는 무엇일까?", "Mary의 아빠는 딸이 다섯 명이다. 딸의 이름이 첫째는 Nana, 둘째는 Nene, 셋째는 Nini, 넷째는 Nono라면, 막내딸의 이름은 무엇일까?"와 같은 간단한 넌센스 퀴즈

부터 착시 현상(optical illusion)을 이용한 문제까지 어떤 형태든 가능하다. 아래와 같은 예시처럼 정확한 답을 갖고 논리적 사고력을 측정하려는 문제도 있다.

시계의 큰 바늘과 작은 바늘은 하루에 몇 번 겹치는가?
숫자 하나만 위치를 바꾸어 아래 식을 올바르게 만들려면? 62 - 63 = 1
크기가 똑같은 공 8개 중 하나만 약간 더 무겁고 나머지의 무게는 모두 같다. 양팔 저울을 두 번만 사용해서 무거운 공 하나를 찾는 방법은?
길이가 1m 밧줄 두 개와 성냥 몇 개가 있다. 각각의 밧줄은 불을 붙이면 정확히 1시간 만에 다 타지만, 타는 속도가 일정하진 않다. (즉, 30분 동안 반드시 밧줄의 절반이 타는 것은 아니다.) 밧줄과 성냥을 이용하여 45분의 시간을 정확히 재려면 어떻게 해야 하는가?
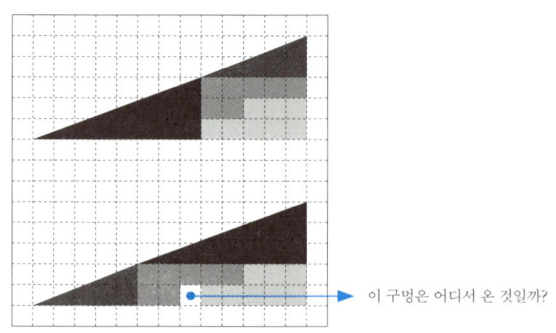 위의 삼각형과 아래의 삼각형은 구성 요소는 같지만 배열만 다르게 한 것이다. 아래 삼각형에서 빈 칸이 생긴 이유는 무엇인가?

또 다른 형태로 현상의 원리를 추론하거나 창의적 해결책을 도출해야 하는 문제가 있다. 마이크로소프트의 면접에서 다년 간 출제되었던 "맨홀 뚜껑은 왜 둥근 모양일까?"가 대표적이다. 마이크로소프트에서는 이러한 고전적 브레인티저 문제 외에도 "청각 장애인을 위한 알람 시계

를 만든다면?", "ATM 현금 자동 입출금기를 다시 디자인한다면?", "MS가 당신에게 5백만 달러를 투자한다면, 당신은 어떤 사업을 시작하겠는가?"와 같이 자신만의 독특한 발상이나 사업적 아이디어를 요하는 문제도 낸다. 브레인티저를 확산시킨 일등공신인 구글에서는 보다 다양한 맥락에서의 사고를 요하는 복합적인 문제를 선호한다. "5센트 동전 크기로 당신의 키가 줄어든 상태에서 믹서에 빠졌다. 부피는 줄었으나 밀도는 동일하다. 믹서 날은 60초 후에 움직이기 시작할 것이다. 어떻게 하겠는가?"와 같이 여러 가지 답이 가능한 질문을 통해 지적 유연성과 혁신적 사고 능력을 검증한다.

　브레인티저 중에서도 최근 가장 널리 쓰이고 있는 것은 게스티메이션(guesstimation)이다. 추정(guessing)과 수치적 평가(estimation)의 복합어인 게스티메이션은 완전한 정보 없이 추측과 추정을 통해 답을 내야 하는 형식의 문제이다. "서울에 있는 주유소의 숫자는 모두 몇 개인가?", "오후 2시 한국에서 카카오톡을 쓰는 사람 수는 모두 몇 명인가?"등과 같이 언뜻 답을 계산하긴 어렵지만, 관련 변수나 추산 과정을 논리적, 체계적으로 전개하면 실제와 근사한 답을 산출할 수 있다. 위와 같은 일상적인 범주의 문제 외에도 특정 직무에서는 관련 전공 지식이나 공식을 활용하는 에너지 문제라든지 경제 문제로 보다 심화된 형태의 복잡한 문제를 낼 수도 있다.

　브레인티저 면접에서는 결론적 답도 물론 보지만, 그보다는 답을 추론하는 과정에서의 사고의 전개를 가장 중요하게 평가한다. 기본적으로 문제를 어떻게 이해하고 해결 방향을 잡았는지, 그 과정에서 고려해야 할 변수들을 어떻게 반영했는지, 문제 해결에 필요한 현상 이해나 관련

공식 적용을 어떻게 해 나가는지 등을 두루 살피면서 필요하다면 추가 질문을 통해 보다 구체적인 설명을 들을 수 있다. 추가 질문을 할 때에는 예상 답안에 기초하여 힌트를 줄 필요는 없으며, "문제 해결을 위해 생각해야 할 점들을 충분히 말씀하셨습니까?", "생각을 전개해 나가는 과정에서 주로 어떤 점들을 염두에 두었습니까?" 등의 질문을 통해 중립적인 입장에서 답변을 촉진하는 것이 바람직하다. 브레인티저에 대한 평가 역시 사전에 평가 항목을 구체적으로 설정하고, 지원자들의 답변의 범위를 어느 정도 이해한 다음에 실제 평가에 들어가는 것이 좋다. 정답이 있는 질문일수록 먼저 면접을 마친 지원자가 나중에 면접을 보는 지원자에게 사전 정보를 주거나 어느 정도 미리 예상과 준비를 하고 들어오기 쉬우므로 단순한 문제 형태는 지양하고, 동등하다고 볼 수 있는 여러 문제 중에서 무작위로 선택하여 질문하는 것이 바람직하다.

> 브레인티저 면접에서는 결론적 답도 물론 보지만, 그보다는 답을 추론하는 과정에서의 사고의 전개를 가장 중요하게 평가한다.

상황 면접

상황 면접(Situational interview)은 의도(intentions)와 행동(behavior)이 연관되어 있음을 전제한다. 실제 행동은 아니지만 그와 유관한 가상의 상황에서의 의사결정, 판단 능력을 평가함으로써 어느 정도 실제 행동을 예측할 수 있다고 보는 것이다. 좀 더 정확히 말하자면 상황 면접에서는 업무 관련 문제 상황에서의 바람직한 행동이 무엇인지를 아느냐에 대한 인지적 능력 평가에 초점을 둔다. 즉, 어떻게 행동하는 것이 좋다는 것을 알지만 실제 행동은 다르게 하는 사람이 있다면 상황 면접에서는 긍정적인 평가를 받게 된다. 이 점이 상황 면접이 비판을 받는 한 이유이기도 하다. 실제 행동의 경향은 전형적 수행(typical performance)을 측정하는 인성검사를 통해 평가하는 것이 보다 타당하지만, 대표적인 실용 지능(practical intelligence)으로서 이러한 지적 상황 판단력이 높은 성과를 내는 데 유관하므로 상황 면접 기법을 사용하는 것도 의미는 있다 하겠다.

외국의 연구에서는 상황 면접의 예언 타당도가 .5까지 높게 나오는 것으로 보고되고 있으나, 대규모 공채와 면접 스터디가 일반화된 국내 채용 환경에서는 그보다 많이 낮은 편이다. 상황 면접을 진행하기 위해서는 체계적인 직무 분석과 결정적 사건 기법(critical incidents technique) 등을 통해 성공적 업무 수행과 유관한 행동을 먼저 정의해야 한다. 이로부터 출발하여 핵심 행동이 발현되는 가상의 직무 상황을 수집, 구성하고 해당 상황을 상황 면접의 질문으로 문제화 한다. 타당한 면접 평가를 위해서는 지원자와 유사한 집단에 Pilot test를 실시하여 미리 답변 예를 수집하고, 그것에 기초하여 채점 기준을 설정하는 것이 바람직하다.

최근에 상황 면접은 상황판단력 검사로 거의 대체되고 있는 추세이다. 일부 전통 면접에서 "상사가 부당한 지시를 내린다면 어떻게 하겠는가?", "원하지 않는 직무나 지방으로 인사 발령을 받는다면 어떻게 하겠는가?"와 같은 상황 면접 질문을 함께 던지는 사례가 있으나, 이는 거의 효용 가치가 없는 질문이다. 입사 이후에 상황 면접 질문과 같은 실제 상황이 되면 그때 가서 딴 소리를 할지언정 채용 면접에서는 백이면 백 기계적인 정답을 말하기 때문이다. 몇 개의 소수 질문으로 잘 변별되지 않는 상황 면접을 진행하는 것보다 수십 개의 문항으로 다양한 곤란도와 선택지, 내용 영역을 망라하는 상황판단력 검사가 훨씬 더 효과적이다.

면접 준비 및 실전

　면접의 실제에 들어서면 채용담당자의 손과 발이 바빠진다. 5분 대기조가 되어 면접위원과 지원자의 요청에 즉각 대응해야 한다. 그 과정에서 미처 생각하지 못한 사항들이 부메랑이 되어 날아오지 않도록 준비 단계부터 고려하고 점검할 사항들이 많이 있다. 채용담당자의 입장에서서 면접 여행을 떠나 보자.

과학적인 면접 설계

　무엇보다 먼저 면접의 틀을 어떻게 잡을 것인지를 정해야 한다. 2장에서 다룬 선발 시스템 설계와의 연계 하에 1차 면접, 임원 면접 등 각 면접에서 어떤 역량을, 어떻게 평가할 것인지에 대한 밑그림이 나와야 한다. 이를 위한 주요 점검 사항은 다음과 같다.

- 면접은 어느 단계에서, 어느 정도의 인원을 대상으로, 누가 할 것인가?
- 면접에서 평가해야 할 역량은 무엇인가?
- 어떤 종류의 면접으로 진행할 것인가?
- 면접 질문과 평가 방식은 어떻게 할 것인가?

- 면접 도구는 누가 개발할 것인가?
- 면접 시간과 장소는 어떻게 할 것인가?
- 면접에 동원 가능한 면접위원 인력 풀은 어떻게 되는가?

면접은 지원자의 역량 및 조직 적합도 평가라는 본연의 취지를 최우선으로 하여 유기적으로 설계해야 한다. 면접 설계가 체계적이지 못하고 큰 틀이 자꾸 흔들리면 면접의 타당도는 낮아질 수밖에 없고, 지원자들도 자신이 면접에서 정확한 평가를 받는지에 대한 의구심이 들게 된다. 따라서 위의 점검 사항들은 일정 기간 안정적으로 유지될 수 있도록 채용 의사결정의 키를 쥔 팀장이나 임원과도 생각의 공감대(consensus)를 가지고 지원을 받으면서 진행해 가는 것이 좋다.

면접 설계는 무조건 이상만 따른다고 좋은 것이 아니다. 현실적 상황을 중요하게 감안해야 한다. 예를 들어 역량 면접을 도입하고선 실질적인 면접 시간이나 진행 방식은 전통 면접처럼 한 조에 30분짜리 5대 5 면접으로 운영한다면 소화불량에 걸리지 않을 재간이 없다. 짧은 시간에 과도하게 많은 역량 평가를 하는 것은 사실상 제대로 평가하지 않겠다는 말과 다름 아니다. 우리나라의 많은 기업에서 역량 면접을 도입했지만 실질적으로 충분한 면접 시간을 확보해서 운영하고 있는 경우가 드문 이유는 무엇일까? 선진화된 평가 기법으로 면접의 혁신을 꾀하면서 대외적으로 홍보하고 싶은 욕구와 제한된 면접위원 인력과 시간으로 컨베이어 벨트 돌리듯 지원자를 연이어 집어 넣어야 하는 각박한 현실 사이에서 적절한 균형점을 찾지 못하고 두 마리 토끼를 다 잡고자 욕심을 내는 것은 아닐까?

이왕 이상적인 면접에 대한 얘기가 나왔으니 좀 더 언급해 보자. 역량 면접을 제대로 하려면 하나의 경험을 다루는 데 10분 정도의 시간이 필요하다. 만약 3개 역량에 대해 각각 1개의 경험을 다룬다면 역량 면접 자체에만 30분이 걸리고, 초기 인사와 구조화, 마무리에

> 역량 면접을 도입했어도 면접 시간이 너무 짧으면 실질적으로 역량 면접이 될 수 없다.

5분 정도가 소요된다. 면접위원 간 의견 교환 및 최종 평가 시간 5분을 포함하면 지원자 1인을 평가하는 데 40분은 족히 걸리는 것이다. 3~5명의 지원자에 고작 20~30분을 줄 수밖에 없는 회사라면 너무 요원한 얘기라고 할지 모르나, 면접 체계를 잘 갖춰서 실제 이렇게 운영하는 국내 회사들도 하나 둘 늘어가고 있다. 앞서 가는 외국의 글로벌 기업들은 역량 하나에 여러 개의 경험을 탐색해서 지원자 1인에 대해 2시간 이상의 역량 면접을 진행하고 심지어 5번 이상 면접에 부르기도 하는데, 우리나라도 채용 인원이 줄고 대규모 공채에서 소규모 수시 채용으로 중심 이동을 하는 미래에는 면접의 양상이 많이 달라지지 않을까 싶다.

실무면접의 면접위원은 통상 대리에서 차장 정도까지이며 과장급이 가장 많다. 사기업의 경우 간혹 사원이 들어가기도 하는데, 지원자와 면접위원의 나이 차이가 얼마 나지 않거나 역전되는 경우도 있고 면접위원으로서의 경험과 전문성이 부족하여 면접에 대한 공신력이 저하될 우려가 있다. 반대로 부장급 이상이 실무면접에 들어오면 구조화된 면접 도구를 숙지하는 데 충분한 노력을 기울이기보다 자신의 경험에 의존한 주관적 평가를 하거나 자신보다 직급이 낮은 다른 면접위원의 평가까지 좌지우지하려는 모습을 보일 수 있다. 특히 역량 면접의 경우 면접 질문지,

평가 가이드라인 등 많은 자료를 숙지하고 지원자의 답변을 메모하면서 능숙하게 진행해야 하는데, 면접위원의 나이나 직급이 지나치게 높으면 학습 속도가 낮아 전통 면접으로 회귀할 소지가 있음은 염두에 둘 필요가 있다.

블라인드 면접(blind interview)에 대해서도 논란이 있는데, 블라인드 면접 자체가 능사는 아니다. 블라인드 면접은 말 그대로 지원자의 배경 정보에 대해 눈을 가리고 공정하게 평가하겠다는 것인데, 어디까지가 가려야 할 배경 정보인가 애매하다. 주관식 필기 시험이라면 이름이나 수험번호 등의 인적 정보를 가리고 응답 내용만 객관적으로 채점하면 된다. 그러나 면접에서는 상황이 다르다. 통상 블라인드 면접이라고 할 때는 이력서 기재사항인 나이나 출신학교, 경력 사항 등을 가리고 진행하는 것을 말하는데, 그런 경우에도 지원자의 이름과 외모, 목소리 등은 그대로 노출된다. 외모의 영향을 받지 않고자 '보이스 오브 코리아'라는 오디션 프로그램처럼 면접위원이 지원자들을 등지고 앉아서 면접을 진행하거나 전화 면접으로 진행한다고 해도 목소리와는 상관 없는 직무를 수행할 지원자를 평가하는데 목소리나 말솜씨에 전혀 영향을 받지 않을 수 없는 것이다.

평가해야 할 역량이 구체적으로 정해져 있는 실무면접에서는 블라인드 면접을 통해 평가 역량에만 집중하는 것이 바람직하다. 특히 역량 면접으로 진행하는 실무면접이라면 지원자가 면접에서 말하는 경험에만 기초하여 해당 역량을 평가하는 것이 낫다. 앞서 실시한 자기소개서나 인·적성검사 결과 등을 참고하게 되면 아무래도 역량 탐색의 깊이가 얕아지고 선입견에 의존한 판단을 내리기 쉽기 때문이다.

그러나 임원면접은 블라인드가 아니라 두 눈을 크게 뜨고 볼 수 있도록 모든 채용 전형의 결과물을 요약해서 제공하는 것이 바람직하다. 구글에서는 한 움큼의 정보를 과대평가하지 않도록 지원자에 대해 수집할 수 있는 모든 정보를 담은 일대기인 '패키지'를 활용한다. 이는 무려 40~50쪽에 달하는 신상 명세서로서, 지원자를 구글링한 종합 보고서이다. 임원면접의 성격 자체가 여러 가지 체로 추리고 또 추려진 소수의 후보자에 대한 최종 평가이기 때문에 지원자에 대한 모든 정보를 다 가진 상태에서 종합적인 판단을 할 수 있도록 하는 것이 좋다.

사실 임원면접은 채용담당자가 딱히 손대기 어려운 영역이기도 하다. 2장에서 언급한 바와 같이 채용 프로세스 상 뒤로 갈수록 타당도가 높은 도구를 쓰는 것이 바람직한데, 채용을 위한 마지막 관문인 임원면접이 막중하면서도 실효성이 떨어지는 틈새일 때가 많다. 많은 임원들이 자신의 식견에 대한 확신이 강하기 때문에 교육을 통한 개선 가능성도 비교적 낮은 편이다.

지금의 면접 현실에서 임원면접을 잘 운영하기 위한 방안은 무엇이 있을까? 첫째, 객관적인 타당도를 확인해 본다. 임원면접만 따로 하기보다 실무면접이나 기타 전형을 포함하여 적절한 준거에 대한 예측력을 함께 분석하면 거기서 나온 결과를 통해 일종의 피드백을 할 수 있다. 면접 실명제를 통해 면접에 합격해서 입사한 후에 문제가 생기는 사람이 있으면 누가 면접을 했었는지 추적하는 절차를 마련해 둔 회사도 있음은 눈여겨 볼 만하다. 둘째, 외부 면접 전문가와 함께 면접을 진행하는 방식을 고려할 수 있다. 우리나라 기업의 조직 문화 상 내부 인력으로는 임원을 적절히 견제하거나 조언하기 어려운 경우가 많기 때문에 외부 전문가의 객관적 시선을 통해 면접의 타당도를 제고하려는 시도도 권장할 만하다. 셋째, 임원면접에 들어오는 지원자의 수를 최소화한다. 임원면접에서는 최종 선발 인원의 1.2~1.5배수의 지원자를 평가하는 것이 일반적이며, 2배수 이상은 매우 많다. 앞 단계에서 타당도가 높은 도구로 우수 역량을 갖춘 지원자를 최대한 추려서 임원면접에서 선택과 집중을 통해 최종 의사결정을 내릴 수 있도록 하는 것도 고려해 볼 수 있는 대안이다.

압박 면접은 한때 유행했으나, 최근엔 지양되는 추세이다. 경험 세계를 구체적으로 파고들면서 연이어 질문을 던지는 역량 면접도 지원자가 주관적으로 느끼기에는 압박 면접으로 볼 수 있지만, 본래 압박 면접이란 극도의 스트레스 상황을 인위적으로 만들어 그에 대해 어떻게 대응하는지를 보는 경우로서 역량 면접과는 다르다. 예를 들어 지원자의 어떤 답변에 대해 "그렇게 답해서 제대로 회사 생활을 할 수 있겠습니까?"와 같이 지원자를 코너에 몰아세우고 그것을 어떻게 극복해 내는지 보겠다는 것이다. 예능 프로그램에서 한동안 유행했던 '몰래카메라'도 단순히 관찰된다는 사실을 모르게 하는 데 그치지 않고 일상적이지 않은 각종 돌발 상황을 연출하면서 대상자의 반응을 살피기 때문에 스트레스 장면을 억지로 만든다는 점에서 압박 면접과 유사한 면이 있다. '몰래카메라'에서 대상자가 나중에 테스트 상황이었음을 알고 웃어 넘기면 그만인 것으로 가볍게 여기다가 점차 가학성 조작이 심해지면서 나중에는 윤리적 문제에 봉착했듯이 압박 면접 역시 인신공격이라는 비난을 피하기 어렵다. 더구나 요즘처럼 이직이 잦고 작은 사건 하나가 인터넷을 통해 일파만파로 퍼질 수 있는 때에 압박면접은 회사의 고용 브랜드를

> 채용을 위한 마지막 관문인 임원면접이 막중하면서도 실효성이 떨어지는 틈새일 때가 많다.

깎아먹는 주범이 될 우려가 크다. 특히 업계를 선도하는 대기업일수록 최고급 인재 확보가 필수적인데, 우수 인력이 청문회 같이 추궁하는 분위기 속에서 괜한 모욕감을 견뎌 가며 '내가 꼭 이 회사에 들어가야 하는가'라는 생각을 가지게 할 이유는 없는 것이다. 따라서 실제 일을 하면서 강한 압박을 견뎌내야 하는 직무에 필요한 인재를 선발하는 장면이 아니라면 압박 면접 사용은 신중을 기해야 할 것이다.

면접 평가 결과를 합산하는 데 있어서도 원칙이 있어야 한다. 여러 채용 전형의 점수를 합산할 때 단순히 각 전형이 몇 점 만점이냐만 따지곤 하는데 실제적으로는 점수의 분포(distribution)가 더욱 중요하다. 어떤 가수 선발 오디션 프로그램에서 참가자의 실력이나 공연 당일 무대의 완성도와 상관없이 순전히 인기로 당락이 정해진다는 비판을 피하기 위해 시청자 문자 투표의 비중을 줄이고 심사위원의 평가 점수 비중을 높인 적이 있었다. 예를 들어 문자 투표 30%, 심사위원 점수 70%로 총점을 내서 평가한다고 하면 대개는 심사위원 점수의 비중이 확실히 높다고 생각할 것이다. 그러나 각 참가자들에 대한 심사위원 점수가 100점 만점 기준으로 80~90점 사이에서 고만고만하게 주어지고 문자 투표는 20만표, 30만표, 50만표 정도로 갈렸다면, 최종 결과에 실질적인 목소리를 내는 것은 문자투표이다.

회사 면접에서도 다음과 같은 일이 생길 수 있다. PT 면접과 인성 면접이 50 대 50의 비율인데, PT 면접에 들어간 면접위원들이 어차피 자기들이 데리고 일할 사람을 뽑는 거 아니냐면서 그네들의 입맛에 따라 누구는 100점, 누구는 50점 등으로 극단하게 평가했다고 하자. 이러한 상황에서는 인성 면접에 들어간 면접위원들의 불만이 터져 나오기 마련이다. 인성 면접은 정해진 기준대로 평가하면 최고점과 최저점의 차이가 기껏해야 20점 정도인데, PT 면접에서 저렇게 자기들 마음대로 뽑고 싶은 사람 정해 놓고 점수를 주면 인성 면접은 하나마나이기 때문이다. 이는 일리 있는 지적이다. 하나의 전형이나 한 사람의 면접위원이 사실상 전체 당락을 좌우하는 구조라면 굳이 여러 사람이 여러 방식으로 평가를 할 이유가 없다. 두 가지 면접의 비중을 동등하게 하려면 실질적 점수 범위를 비슷하게 하든가, 아니면 각각의 점수를 표준화한 뒤에 합산해야 한다.

이처럼 채용담당자는 면접의 목적을 효과적으로 달성할 수 있도록 면접의 외형적 틀과 컨텐츠, 진행 및 평가 방식까지 전반적인 사항을 이해하고 점검해야 한다.

면접위원 교육

성공적인 면접을 위해서는 면접교육이 중요하다. 면접의 성패는 그 누구보다 면접위원이 쥐고 있기 때문이다. 면접위원이 어떤 마음가짐과 태도를 가지고 임하느냐에 따라 면접은 성공으로 갈 수도, 산으로 갈 수도 있다. 특히 구조화된 면접을 위해서는 면접위원 또한 면접도구의 일부로서 표준화가 필요하다. A 그룹에서 계열사 별로 면접교육 여부에 따라 같은 평가 요인끼리 면접과 인성검사 간의 상관을 분석해 본 결과, 면접교육을 시행한 회사는 유의미한 상관이 나온 반면 시행하지 않은 회사는 그렇지 않았다. 일종의 공인 타당도로서, 면접교육이 그만큼 정확한 평가를 위해 필수적이라 할 수 있다.

면접교육은 짧게는 1시간, 길게는 며칠씩 운영한다. 업무가 많고 실무자들이 바쁜 회사일수록 인력 차출 및 시간 할애가 어렵기 때문에 2시간 이내로 계획하는 것이 일반적이다. 특히 임원들의 경우 30분에서 1시간 정도로 핵심적인 내용 위주로 간략하게 교육할 때가 많다.

면접교육의 시기는 가급적 면접과 가까운 날짜일수록 좋다. 너무 일찍 교육을 하면 그 사이에 바쁜 실무에 치여 교육 내용이 허공 속으로 날아가 버리기 쉽다. 가급적 하루 이틀 전에 교육 일정을 잡고, 교육 시간이 1시간 정도로 짧을 경우 면접 당일 아침 일찍 진행하는 것도 하나의 방법이다.

면접교육의 내용은 크게 기본과 실제로 나누어진다. 기본 부분에서는 면접의 목적과 종류, 최근의 면접 경향, 지원자 및 면접도구에 대한 이해, 면접위원이 흔히 범하는 오류와 갖춰야 할 역량에 대해 다루게 된다. 실제 부분에서는 면접 당일 사용하게 될 면접 도구, 즉 면접 질문과 평가지에 대해 숙지하고, 면접 시간 운영 및 평가 방안을 이해하도록 한다. 시간이 허락된다면 최근에 입사한 사원에게 지원자 역할을 맡기고 강사가 면접 시연을 하거나 면접위원들끼리 조 별로 역할을 나누어 연습 및 피드백을 하도록 하여 실전 감각을 익히도록 하는 것이 바람직하다.

면접교육에서의 자리 배치는 실전에서의 면접 조와 동일하게 운영하는 방식을 우선적으로 고려할 수 있다. 면접위원들 간에 구조화된 면접 경험이나 면접교육 참여 횟수에 차이가 있다면 숙련자가 면접 조 별로 고르게 들어갈 수 있도록 하는 것이 전체적인 면접의 표준화와 안정적 진행을 위해 바람직하다.

면접교육에 대한 참여도나 동기를 높이기 위해 글로벌 기업에서와 같이 면접위원 자격 제도를 운영하는 것도 하나의 방법이다. 채용담당자 입장에서도 면접위원 풀을 관리하면서 전문성과 숙련도를 여러 가지 방식으로 모니터링하여 함께 기록해 두는 것이 좋다. 가벼운 퀴즈 형식을 통해 면접교육에서 전달된 내용을 얼마나 이해했는지 확인하고 다시 한 번 주지시키는 것도 고려해 볼 수 있다.

면접 장소 세팅

면접 전날까지 제반 사항들이 빠짐없이 잘 준비되었는지 확인해야 한다. 면접 장소는 미리 확보해 두기 마련인데, 대개 회사의 연수원이나 본사를 이용한다. 지원자들에게 공지되는 초기 집합 장소는 대강당 같이 넓은 곳을 주로 쓰는데, 이 곳은 당일 대기 장소로도 활용된다. 지원자들이 초기 긴장을 풀고 회사에 대해 좋은 인상을 가질 수 있도록 가벼운 다과와 마음이 편안해지는 음악 등을 준비해 두는 것이 좋다. 면접위원들도 보통 한 장소에 모여서 교육이나 안내를 받고 각자의 장소로 흩어지는데, 면접위원들의 동선이 지원자들의 동선과 겹치지 않도록 독립적인 공간을 확보하는 것이 바람직하다. 역량 면접, PT 면접, 토론 면접 등 여러 가지 면접을 함께 운영하는 경우 지원자들 이동 시 최대한 동선이 겹치지 않도록 하고, 다른 조와 서로 소리가 들리거나 시선이 분산되지 않도록 공간을 분리하는 것이 좋다.

면접 평가 시스템이 온라인으로 구현되어 있을 경우, 면접위원들이 별 어려움 없이 사용할 수 있는지 가상의 데이터를 통해 꼼꼼히 살피고, 긴급 투입 가능한 시스템 담당자를 확보해 두거나 오프라인 체제 변환이

가능하도록 최소한의 필요 서류를 준비하는 등 시스템 이상 시에 대한 비상 대책(contingency plan)을 마련한다. 오프라인 방식으로 면접 평가를 할 경우 배정된 지원자 명단, 지원서(이력서/자기소개서), 인·적성 검사 결과, 면접 질문, 평가지 등의 여러 자료들을 면접위원 수에 맞춰 준비한다. 이 때 면접을 진행하는 입장에서 생각하여 필요한 자료들을 그때그때 손쉽게 찾을 수 있도록 최대한 효율적으로 정리해 두어야 한다. 자료가 체계적으로 준비되어 있지 않으면 면접 도중 서류를 뒤적이면서 부산해지고 면접 진행이 매끄러워지지 못할 소지가 있다.

당일 진행

채용담당자는 당일 면접 진행을 도울 실무 인력들과 함께 당일 면접 장소에 가장 먼저 도착해 있는 것이 좋다. 지원자나 면접위원이 먼저 도착해서 기다리게 되면 회사의 채용 부서가 준비되지 않았다는 인상을 줄 우려가 있다. 미리 끝낼 수 있는 일은 면접 전날 밤까지라도

> 면접 당일은 차분하고 여유 있는 모습으로 지원자와 면접위원을 맞이하도록 한다.

다 해 놓고, 면접 당일은 차분하고 여유 있는 모습으로 지원자와 면접위원을 맞이하도록 한다. 진행본부는 모든 사람이 쉽게 찾을 수 있는 곳에 배치하고, 상시 대응이 가능하도록 인력을 배정한다.

당일 공지사항이나 변동사항 안내 후 각 방 별로 면접위원들이 들어가서 준비를 하는데, 평가 시스템이나 문서 자료에 이상이 없는지 다시 점검하고 개인적 용무도 미리 마치도록 한다. 면접위원 간 역할 분담도 미리 해 두는 것이 좋다. 면접위원장이 지정되어 있다면 면접의 시작과

끝은 위원장이 짤막하게 담당하는 것이 일반적이나, 반드시 그럴 필요는 없다. 면접위원이나 지원자가 많을 때는 대략적인 질문의 순서나 지원자 별로 누가 질문을 주도할지를 어느 정도 정해 두는 것이 좋다.

  면접을 진행할 때는 너무 자료만 뒤적이지 말고 지원자에게 시선을 맞추면서 이야기를 경청하는 것이 좋다. 이를 위해서는 면접 질문이나 전체 흐름을 머리 속에 어느 정도 꿰고 있어야 한다. 면접위원에게는 적시에 적절한 질문을 던지는 능력도 중요하지만, 지원자의 답변을 잘 듣는 것이 더욱 중요하다. 여기에는 단순히 물리적으로 이야기를 열심히 듣는 것 외에 그 이야기 속에서 역량과 관련된 증거들을 찾아내는 통찰력이 함께 필요하다. 이를 위해 들으면서 중요 정보들을 간략히 메모하는 것이 바람직하다. 수많은 지원자들의 수많은 경험을 듣다 보면 나중에 평가 의견을 교환하거나 조정이 필요한 순간에도 도통 생각이 안 나기 마련이다. "기록은 기억을 지배한다"는 말처럼 면접 평가의 객관적 근거 마련을 위해서라도 메모하기를 권장한다. 지원자들로 하여금 면접위원이 자기 말을 열심히 들어주고 있다는 긍정적 느낌까지 부수적으로 갖게 할 수도 있을 것이다.

  면접은 우호적 관계(rapport)를 형성하는 것부터 시작하는 것이 좋다. 지원자들은 좋은 평가를 받고 싶은 마음이 큰 만큼 긴장도가 높다. 우리나라 구직자들은 외국에 비해 취업 준비와 연습을 훨씬 많이 하지만, 남의 이목을 더 많이 의식하는 문화 때문인지 필요 이상 경직되는 경향이 있다. 면접이 자신의 역량을 최대한 발휘할 수 있는 장이 되도록 면접위원은 딱딱한 분위기를 깨뜨릴(icebreaking) 필요가 있다. 지원자들이 인사하고 나면 "자리에 편하게 앉으세요. 여러분들을 만나서 반갑습니다. 저희는 여러분께서 입사하면 보게 될 선배들입니다."등과 같은 식으로 면접위원도 인사를 건넨다. 이후에는 "아침(점심) 식사는 맛있게 하고 오셨나요?", "저희 연수원(회사)에 찾아 오기 어렵지 않으셨습니까?", "저희 연수원(회사)의 첫인상은 어떠셨습니까?"와 같은 가벼운 질문을 통해 지원자들이 편안하게 입을 뗄 수 있도록 한다. 전체적인 면접 진행 방식에 대해 간략하게 안내를 해 주는 것도 바람직하다. 이것을 '구조화(structuring)'라 하는데, 이를 통해 지원자는 면접의 전체적인 그림을 그리면서 마음의 준비를 할 수 있게 된다. 면접을 진행하면서는 질문을 던질 때마다 지원자의 이름을 불러주는 것도 친근감과 관심을 표현하는 좋은 방법 중 하나다.

질문과 답변은 여러 번으로 나누어 짧게 자주 오가게 하는 것이 좋다. 그래야 논점에서 크게 벗어나지 않고 역동적으로 면접이 진행될 수 있다. 면접위원의 질문이 너무 포괄적이거나 지원자의 답변이 한번에 기승전결까지 장황하게 길어지면 핵심을 놓치고 평가해야 할 역량과 관련이 적은 정보들만 나열되기 쉽다. 전체 면접 시간이 늘어지지 않도록 지원자나 평가 역량 등의 단위에 따라 적정 시간을 미리 계산하고 시간을 확인해 가면서 면접을 진행하는 것이 좋다. 예를 들어 역량 면접에서 1개 역량의 경험 하나를 탐색하는 데 쓸 수 있는 시간의 반이 지나도록 STAR 기법의 상황, 과제 부분을 다루고 있다면 서둘러 행동 부분으로 넘어갈 필요가 있다. 여러 역량을 평가하는데 첫 번째 역량 탐색에 많은 시간을 썼다면 나머지 역량은 좀 더 적은 시간에 효율적으로 진행하도록 해야 한다. 특히 다대다 면접으로 여러 명의 지원자가 들어와 있을 경우, 지원자 간에 할당되는 시간이 대체로 균등하도록 시간 안배를 해야 한다. 누구는 10분, 누구는 20분과 같이 시간 차이가 많이 나면 면접의 형평성과 공정성에 대해 이의 제기가 들어올 수 있다.

　면접을 마치기 전에는 짧게라도 최종 의사 표명을 할 수 있는 기회를 주는 것이 좋다. 지원자들은 대개 충분히 자신의 역량을 드러내지 못했다는 아쉬움을 갖고 면접장을 나서는 편이다. 때문에 면접 말미에 30초라도 못다한 이야기를 하거나 면접위원에게 질문할 수 있는 기회를 주는 것은 면접에 대한 만족도와 결과에 대한 수용도를 높이는 데 매우 효과적이다. 다만 이 마지막 발언이 필요 이상 길어져서 사족이 되지 않도록 적절히 통제할 필요는 있다.

　면접 평가는 평가해야 할 역량 별로 나누어서 진행한다. 예를 들어 성취지향성 점수가 높다고 해서 팀워크 점수도 꼭 높다는 법은 없다. 각각의 역량 별로 수집된 증거를 종합하고 지원자 집단 내에서의 상대적 위치를 가늠하여 평가를 한다. 면접 중간중간에도 메모와 함께 평가를 해 두는 것이 효율적이며, 지원자가 퇴실한 후에는 면접위원 간에 의견을 교환할 수 있다. 시간의 제약이 있기 때문에 대개 평가 등급이 크게 갈리는 경우에 한해 서로가 보았던 증거에 기반하여 의견을 나눈다. 이 때 누구는 S, 누구는 B로 평가했으니 그 중간인 A로 똑같이 맞추자는 식의 기계적 조정은 피한다. 또한 직급이 높은 면접위원의 의견을 따라갈 필요는 전혀 없으며, 증거 공유 후에 최종 평가는 각자 독립적으로 한다.

　회사의 고용 브랜드에 따라 면접위원과 지원자 중에 누가 갑인지가 달라질 수 있다. 일정 규모 이상의 기업은 대개 회사가 갑의 위치에 서지만, 업계 순위가 낮거나 지방 소재 기업의 경우 그렇지 않을 수 있다. 이 경우에는 회사에 대한 관심이나 지원 동기를 더욱 면밀히 파악하여 평가에 비중 있게 반영함으로써 채용 확정 후 정착률을 높일 필요가 있다.

모든 채용 절차가 그러하지만, 면접은 특히 지원 회사에 대한 인상을 갖는 데 크게 작용한다. 면접 지원자 중 최종 합격자는 대개 반이 채 안되지만, 탈락한 지원자도 회사의 잠재적 고객이자 파트너이며 향후 다시 지원하게 될 수 있다. 따라서 면접에서 공정하고 객관적인 평가를 하는 것 못지 않게 지원자들에게 긍정적 이미지를 전달할 수 있도록 전문가다운 모습으로 능숙하게 면접을 진행하는 것이 중요하다.

> 지원자들에게 긍정적 이미지를 전달할 수 있도록 전문가다운 모습으로 능숙하게 면접을 진행하는 것이 중요하다.

지원자를 위한 안내

면접과 관련해서 지원자들은 많은 궁금증을 가지고 있다. 많은 FAQ에 대해 채용담당자가 줄 수 있는 답변과 지침에 대해 간략히 정리해 보자.

면접 복장에 대해선 따로 안내하지 않아도 암묵적 합의가 이루어져 있는 것 같다. 특히 신입 지원자들은 이미지 연출(image making)에 대한 강의와 교육을 통해 정장, 넥타이, 구두 색깔까지도 상당히 비슷한 톤으로 입고 오는 경향이 있다. 사실 복장은 과하지 않은 선에서 호감을 줄 수 있을 정도면 된다. 옷 잘 입는 사람이 일 잘하는 사람은 아니기 때문이다. 간혹 면접에서 캐주얼 복장을 입도록 하는 경우도 있으나, 매우 예외적이며 지원자들이 오히려 혼란스러워 하기도 한다. 요컨대 면접 복장은 기본 예의를 지키는 선에서 단정하고 깔끔한 정장이면 충분하다.

면접에서 무엇을 물어보고 평가할지를 굳이 알려줄 필요는 없다. 그러지 않아도 지원자들은 취업 준비 까페 등에 올라온 면접 기출문제에 따라 질문을 예상하고 답변까지 연습한다. 보통 자기소개서나 역량기반 지원서에 적어 낸 내용이 면접의 기본 자료로 쓰일 때가 많으므로 제출 서류를 다시 한번 검토하면서 관련 경험들을 정리해 보는 것은 권장할 만하다. '스토리가 스펙을 이긴다'는 믿음을 갖고 면접위원에게 감동을 줄 만한 개인적 스토리를 준비하는 것도 좋지만, 그 스토리가 속 빈 강정이 되지 않도록 실제 경험이 담긴 히스토리가 있어야 한다. 즉, 말만 있는 거품을 걷어내고 구체적 증거로 냉철한 이성에 호소하는 것이 지원자 자신이나 면접위원 모두를 위해 바람직하다.

면접 당일에 좋은 컨디션을 유지하는 것은 기본이다. 전날 밤에 준비물을 챙겨 두고 일찍 자기, 약도나 교통편을 미리 확인하고 면접 장소에 여유 있게 도착하기, 과도한 긴장을 풀 수 있는 자신만의 이완 기법(mind control) 한두 가지 준비하기 등은 이미 알고 있는 것들이겠지만 지원자들에게 다시금 강조해 주어도 좋은 사항들이다.

면접 장면에서 지원자는 역지사지를 기억할 필요가 있다. 자신이 면접위원의 입장이라면 지원자로부터 어떤 모습과 어떤 답변을 원할지 상상해 보는 것이다. 지원한 회사나 직무에 대한 이해는 입사 의지와 연결되는 기본 사항이다. 아울러 매 질문마다 핵심 요지를 이해하고 평가 포인트에 맞는 간결명료한 답변을 해야 한다. 당당하게 자신을 드러내되 겸손함을 잃지 않는 균형 감각이 필요하다. 다른 사람의 답변 차례나 면접장 밖에서 순간 느슨해져서 평상시의 부정적 언행이 튀어나와 다 된 밥에 코 빠뜨리는 일이 간혹 생기기도 하는데, 일거수 일투족을 꾸미려는 인위적인 노력보다 일상의 모습 자체가 매력적이 되도록 자신을 만들어 가는 것이 궁극적인 성공의 지름길임을 지원자들도 알 필요가 있다.

면접, 그 이후

하루 종일 면접을 하고 나면 면접위원도, 지원자도 피곤함을 느낀다. 면접이란 그만큼 에너지가 많이 소진되는 일이기 때문일 것이다. 혹여 무슨 일이 생기진 않을까 노심초사 하면서 면접장 곳곳을 뛰어다니는 채용담당자도 더하면 더했지 덜하지 않을 것이다.

이렇게 모두가 고생하는 면접이 성공적으로 끝나려면 말의 향연이 아닌 실증적 경험으로 만나도록 역량의 증거를 수집하는 데 관심과 노력을 기울여야 한다. 그리고 S-A-B-C-D나 수-우-미-양-가 같은 정량적 평가 외에 정성적 평가를 반영하는 방안에 대해서도 고민해 볼 필요가 있다. 면접위원과 지원자 모두가 상당한 시간과 비용을 들여 만나면서 질문과 답변을 통해 모아지는 자료들은 채용 의사결정을 위한 고급 정보이기 때문에 활용도를 높일 수 있는 개선안을 모색해 보면 좋을 것이다.

아울러 면접이 끝났다고 덮어두지 말고 면접 결과를 통한 면접위원 피드백과 추후 연구(follow-up study)로 이어 나갈 수 있다면 회사 전체의 면접 역량이 지속적으로 강화될 수 있을 것으로 기대된다.

제6장

시뮬레이션 면접

시뮬레이션 면접(Job Simulation Exercises)은 지원자에게 실제 직무 수행 장면에서 접할 만한 상황, 자료, 문제 등의 복잡한 자극을 제시하고, 이를 해결하는 과정 및 결과물을 평가하는 기법이다. 시뮬레이션 면접은 토론, PT, 역할극, 서류함 기법, 게임 등의 다양한 유형이 있으며, 주로 관찰에 기반해서 평가가 이루어진다는 특징이 있다. 시뮬레이션 면접은 서류 전형, 인·적성검사, 일반 면접 등으로 측정하기 어려운 역량 또는 앞 전형에서 측정한 동일한 역량의 다른 면을 평가하기 위해 활용된다. 예를 들어, 조직헌신 역량은 서류 전형이나 일반 면접으로 확인하기는 어려울 수 있으며, 인·적성검사와 시뮬레이션 면접 각각을 통해 조직헌신 역량을 구성하고 있는 중요 개념들을 나누어서 평가할 수 있다.

현재 시뮬레이션 면접은 실무면접 단계에서 주로 활용되고 있다. 지원자의 면접 준비도 및 면접 상황이라는 특수성을 고려할 때 시뮬레이션 면접이 원래 의도한 역량을 제대로 평가하기 위해서는 과학적인 설계와 준비가 필요하다. 이를 위해 본 장에서는 시뮬레이션 면접 유형별 특징, 평가 가능한 역량, 개발 방법, 개발 및 준비 시 고려해야 할 변수 등을 살펴보도록 하겠다.

토론면접

토론면접은 다수의 지원자를 한 그룹으로 구성한 후, 경쟁적 논의상황 및 문제 해결과정을 구현하여 그 과정에서 드러나는 역량을 평가하는 면접 기법이다. 토론면접에서는 지원자 중 한 명이 사회자가 되어서 진행을 할 수도 있지만, 일반적으로는 한 그룹의 구성원이 모두 동등한 입장에서 토론을 진행하는 리더 없는 토론(Leaderless Group Discussion) 방법이 많이 사용되고 있다.

유형 및 예시

한국의 대기업에서 주로 사용하고 있는 토론면접의 유형은 크게 찬반토론형, 문제해결형, 협상과제형으로 구분해 볼 수 있다. 찬반토론형은 한 조의 구성원을 두 그룹으로 나누어 특정 주제에 대해 대립된 의견으로 토론을 벌이게 하고, 그 과정을 면접위원이 관찰, 평가하는 방법으로 한국의 대기업에서 가장 많이 사용하고 있는 면접방법 중 하나이다. 보통 찬반토론형의 주제는 사회적 이슈 중 찬반양론이 갈릴 수 있는 문제를 선정하는 경우가 많으며, 문제 개발이 용이하다는 장점이 있다. 하지만 이와 같은 찬반토론형은 선발 장면보다는 교육 및 육성 장면에서 더 적합하다는 선행연구들이 많으며, 외국계 기업의 경우 사용 빈도가 줄어들고 있는 추세이다. 특히 찬반토론형의 경우 출제될 수 있는 주제가 뻔해서 지원자가 취업스터디, 면접 학원 등에서 준비를 하기 용이하기 때문에 찬반토론형에서 평가하고자 하는 역량보다는 면접 준비도를 평가하게 되는 경우가 많다.

찬반토론형 예시 문항

> **〈화학적 거세〉**
>
> 2008년 12월에 발생한 성폭행 사건(일명 "조두순 사건")은 범죄자가 8세 여아를 성폭행해 평생 불구로 만든 끔찍한 범행으로 성폭행범에 대한 처벌 강화 등을 중심으로 하여 전사회적 논란을 일으켰다. 끊이지 않는 아동 성범죄 발생에 대한 대책으로 국내에서는 아동 성범죄자에 대한 화학적 거세 방법을 추진 중에 있다. 그러나 이와 관련해 범죄자에 대한 인권침해 논란 또한 끊이지 않고 있다. 아동 성범죄자에 대한 화학적 거세 방안에 대해 찬반으로 나누어 토론하시오.

문제해결형은 6~10명으로 구성된 한 그룹에 함께 해결해야 하는 문제를 제시하고, 문제를 해결하는 과정에서 드러나는 역량을 평가하는 방법이다. 문제해결형은 보통 1~2페이지 정도로 구성된 지문과 그 지문을 기반으로 해서 해결해야 하는 3~4개의 문제로 구성된다. 주제는 평가 목적에 따라 전공 또는 업무와 관련된 내용이거나 일반적인 문제 상황일 수 있다. 대개 문제해결형의 문제는 특정한 정답을 요구하기보다는 다양한 해결책이 가능하도록 구성한다. 이를 통해 지원자들이 문제에 접근하고, 다양한 해결책을 도출하고, 어떻게 결론을 종합해 가는지를 관찰 및 평가하게 된다. 또는 한 그룹에 공통의 해결 과제를 제공하되, 지원자 간에 서로 독립적인 정보를 제공하여 각 구성원이 각자의 파트를 해결해서 종합해야만 문제를 해결할 수 있도록 구성할 수 있다.

문제해결형 예시 문항

<디자인 팀장 선출>

A제화는 회사의 핵심 부서인 디자인팀의 팀장을 선출하기 위해 임원회의를 진행하였다. 10명의 팀장 후보 가운데 최종 후보로 5명이 올랐으며, 팀장 선출의 기준은 다음과 같다.
- 디자인에 대한 창의력과 뛰어난 감각
- 외국 바이어와의 원활한 의사소통 능력(외국어 능력)
- 협상능력
- 팀을 이끌어 갈 수 있는 리더십과 친화력

당신은 A제화의 임원이며, 다음 5명의 후보 중 한 명을 디자인 팀장으로 선출해야 한다.

A후보
- 28세(여), 국내 상위권 대학 디자인학과 졸업 후 외국 유명 대학에서 석사 학위 받음
- 세계적으로 유명한 제화 회사로부터 스카우트 했으며 동종업계 유수한 인사들과 인맥이 두터움
- 영어 능통
- 당당하고 자신감이 있으나 친화력이 떨어짐

B후보
- 35세(여), 국내 지방대 디자인학과 졸업
- 디자인에 대한 감각은 조금 떨어지지만 5개 국어(영어, 독어, 프랑스어, 스페인어, 중국어)를 구사할 수 있음
- 업무 시간 외에도 항상 회사에 남아 열심히 일함
- 활달한 성격에 사람들과의 관계가 좋음

C후보
- 40세(남), 국내 대학 철학과 졸업
- 10여 차례 디자인 공모에 당선됨
- 5명의 후보 중 디자인에 대한 감각이 가장 뛰어남
- 내성적인 성격으로 사람들과의 친화력이 다소 떨어짐

D후보
- 43세(여), 국내 대학 정치외교학과 졸업
- 디자인 감각은 보통 수준이나 협상 능력이 매우 뛰어남
- 외국어가 능통하지는 않으나 어느 정도의 의사소통은 가능함
- 주로 상명하달식으로 업무를 추진함

> E후보
> - 38세(남), 외국 유명 대학에서 학사, 석사, 박사 학위 받음.
>   중학교 때 미국으로 이민을 가서 유년시절을 외국에서 보냄.
>   한국적 정서보다는 미국적 정서를 더 많이 가지고 있음
> - 영어와 스페인어 능통
> - 미국 유명 제화에서 일한 경험 있음
> - 디자인에 대한 감각이 좋고 협상 능력도 있으나 업무 시간 외에 일하는 것에 대해
>   이의제기를 자주 함
>
> 디자인 팀장 선정 시 가장 우선시해야 한다고 생각하는 원칙(예: 연령, 학력, 대인관계, 실력 등 제시된 정보 이외의 원칙이어도 무방함)을 3가지 이상 선정하고, 그러한 결정에 대한 논리적 근거를 들어 설명하십시오.
>
> '문제 1'에서 제시한 원칙과 팀장 선출 기준을 고려할 때 본 회사의 디자인 팀장으로 누구를 선정하겠습니까? 그러한 결정을 내린 이유를 구체적인 근거를 들어 설명하십시오. 더불어 '문제 1'에서 정한 원칙에 비추어 볼 때, 선정된 팀장이 추가적으로 함양해야 할 요소를 어떻게 보완하도록 할 수 있을지 임원의 입장에서 논의하십시오.

협상과제형은 지원자들을 협상 장면의 두 당사자 집단으로 나누고, 각 집단이 미리 설정된 협상평가표의 기준에 따라 높은 점수를 받기 위해 협상을 진행하는 경쟁과정에서 드러나는 역량을 관찰 및 평가하는 방법이다. 협상과제형에서는 지원자가 협상평가표에 제시된 항목에서 높은 점수를 얻기 위한 전략을 설정하고, 상대측의 주장에 대한 반박 논리를 제시하며, 쌍방 모두가 이득을 볼 수 있는 합리적 방법(win-win strategy)을 고안해 내는 과정에서의 행동지표를 평가한다.

협상과제형 예시 문항

협상 주제	협상 주제는 채용도구 개발 업체 선정에 관한 것입니다. 본 협상 과제에서 여러분은 인·적성검사 개발 업체를 선정하려는 A 기업과 B 채용 컨설팅 업체 중 하나의 입장을 택하여 여러분이 각 업체의 협상 담당자라고 가정하고, 활동 가이드에 따라 협상을 진행하시면 됩니다. 협상 과제의 목표는 협상평가표에 기초해서 상대팀보다 높은 협상 점수를 얻는 것입니다.
협상 대상	• 인·적성검사 개발 업체를 선정하려는 A 기업 • A 기업 인·적성검사 개발을 통해 업계 인지도를 높이려는 B 채용 컨설팅 업체
활동 가이드	• 각 팀의 협상정보는 상대팀에게 노출되지 않도록 하십시오. • 협상 진행은 아래 제시되어 있는 시간계획에 따라 주십시오. • 제한된 시간 안에 반드시 최종 협상안을 도출해야 합니다.

공통 정보	〈A 기업〉
	• 국내 10대 기업 중 하나지만,
	  다른 10대 기업과 달리 고유의 인·적성검사를 가지고 있지 못함.
	• 2012년 새롭게 정립된 기업 인재상 및 가치를 잘 측정할 수 있는 인·적성검사를 개발하고자 함.
	
	〈B 채용 컨설팅 업체〉
	• 2011년에 설립된 신생 채용 컨설팅 업체로,
	  인적 구성은 뛰어나지만 실적은 부족한 편임.
	• 이번 A기업 인·적성검사 개발 컨설팅을 성공적으로 수행한 후,
	  인·적성검사 실시 대행 업무까지 수주하고자 함.
	
	〈현재까지의 진행 상황〉
	• 2012년 5월 현재, B기업은 A기업의 인·적성검사 개발 프로젝트의 우선협상자로 선정된 상태임

협상 평가표	〈 A 기업 협상 평가표 〉 | 개발시기	점수	개발비용	점수	결과표 수정	점수
---	---	---	---	---	---
7월 초	300	1억5천 미만	400	2회 이상 무료	200점
8월 초	200	1억5천~1억8천 미만	300	2회 이하 무료	0점
9월 초	150	1억8천~2억 미만	200		
10월 초	100	2억~2억2천 미만	100		
11월 초	0	2억2천 이상	0			

협상 평가표	<B 채용 컨설팅 업체 협상 평가표>					
	개발시기	점수	개발비용	점수	검사 운영, 실시 대행업무	점수
	11월초	300	2억2천 이상	400	획득	200점
	10월초	200	2억~2억2천 미만	300	획득 못함	0점
	9월초	150	1억8천~2억 미만	200		
	8월초	100	1억5천~1억8천 미만	100		
	7월초	0	1억5천 미만	0		

평가 역량

토론면접의 유형 및 내용 구성에 따라 다소 차이가 있을 수 있지만 토론면접에서 주로 평가 가능한 역량은 의사소통, 경청, 설득력, 논리적 사고, 창의이다. 현실에서는 채용담당자가 토론면접을 통해 팀워크 역량을 측정할 수 있다는 기대를 할 수 있다. 하지만 실제 면접이 끝난 후 면접위원을 대상으로 설문조사를 해보면 60분이라는 짧은 시간 동안 팀워크 역량과 관련하여 지원자 간에 변별력 있는 행동지표를 수집하기가 어렵다는 의견들이 많다. 이는 거의 모든 지원자가 호의적인 모습을 보이기 위해 노력하고, 면접 스터디나 모의연습을 통해 집단토론 장면에서 관찰 가능한 긍정적인 행동지표에 대한 학습이 많이 되어 있기 때문인 것 같다. 따라서 팀워크 역량은 인성검사, 4시간 이상 실시되는 복합 면접, 인턴 과정을 통해 평가하기를 권장한다.

토론 시간이 40~60분이라면 평가 역량의 수는 보통 2~3개 정도로 선정하는 것이 좋다. 짧은 시간에 너무 많은 역량을 평가하고자 할 경우 면접위원에게 부담감을 줄 수 있으며, 결과적으로 역량에 기반한 평가보다는 전반적인 인상을 평가하는 오류가 발생할 소지가 크다. 아래 표에는 토론면접 종류별로 평가가 용이한 역량에는 어떤 것들이 있는지 정리해 보았다.

역량 \ 유형	찬반토론형	문제해결형	협상과제형
의사소통(경청/설득력)	O	O	O
논리적사고(문제해결)		O	O
창의		O	
팀워크	?	?	?

진행 프로세스

토론면접의 일반적인 진행 프로세스는 아래와 같다. 토론면접 시간은 통상적으로 40~60분 이내로 운영되고 있다.

시간	구분	활동
입실 후 5분	활동 가이드 안내 질의 응답	토론면접 활동 가이드 숙지, 활동 가이드에서 이해되지 않는 부분에 대한 질의 응답
5분~15분	과제 및 답안지 배부 과제 이해	과제 및 답안지 배부 토론 과제 이해 및 토론 준비
15분~45분	토론 진행 (리더 없는 그룹 토의)	자율적으로 토론 진행
45분~50분	토론 종료	토론을 마무리하고 최종 산출물을 답안지에 작성 퇴실

시간	구분	활동
50분~60분	평가 및 조정	면접위원 2인 각자 평가 평가 의견 및 증거 공유 조정 및 최종 평가

토론면접 진행 시 필요한 자료

토론면접에 필요한 자료는 지원자용 자료와 면접위원용 자료로 구분해 볼 수 있다. 면접 설계가 구조화될수록 지원자에게 배부하는 자료뿐만 아니라 면접위원이 평가 시 활용하는 자료를 구체적으로 개발한다.

지원자용 자료	면접위원용 자료
• 과제 • 활동 가이드 • 답안지	• 진행 가이드 • 과제별 예상 답안 • 평가표 • 관찰 기록지

〈 지원자용 자료 〉

● 과제

회사에서 자체적으로 채용도구를 개발하는 경우에는 인사팀에서 독자적으로 개발하기보다는 SME(Subject Matter Expert, 관련 주제 전문가) 워크숍을 통해 문항을 개발하는 것이 좋다.

또한 여건이 된다면 문항 개발 SME 그룹과 개발된 문항을 수정, 보완하는 SME 그룹으로 구분해서 워크숍을 실시할 수 있다. SME 워크숍을 실시하기 위해서는 아래의 사항들이 준비되어 있어야 한다.
1. 채용도구의 샘플(sample) 개발 : SME 워크숍에 사용하는 샘플은 실제 사용할 문항과 동일해야 한다. 현직에 있는 직원들이 문항을 만들어야 하기 때문에 추상적으로 샘플을 제시하면 결과물이 의도한 것과는 다른 방향으로 도출될 확률이 높다.
2. 개발 문항 수 결정 : 최종적으로 필요한 문항의 1.5~2배수 정도를 개발하는 것이 좋다. 추후 개발된 문항 중 적절하지 않은 문항은 제거해야 하기 때문이다.
3. SME 선발 계획 : 입사 2~3년차 우수 사원을 선발하는 것이 좋다. 입사한지 오래되지 않았기 때문에 채용 도구에 대한 이해도도 상대적으로 높으며, 연차가 많은 직원보다는 훨씬 적극적으로 참여하는 경향이 있기 때문이다. 만약 직무 또는 직군별로 문항을 개발해야 한다면 해당 비율에 따라 직군별 인원을 안배해야 한다. SME 인원 수는 SME 워크숍 시간, 목표 개발 문항 수에 따라 달라진다.
4. 기자재 및 물품: 워크숍 진행을 위해 필요한 프로젝트, 노트북, 화이트보드, 필기도구를 준비해야 한다. 만약 개인 노트북 또는 업무 상황에서 사용하는 자료가 필요하다면 사전에 공지를 해야 한다.

SME 워크숍을 통해 문항을 개발한 후에는 파일럿 테스트를 통해 수정, 보완 작업을 거칠 필요가 있다. 파일럿 테스트의 목적은 개발된 문항이 평가하고자 하는 역량을 검증하는 데 적절한지, 시간 배분이 적절한지, 평가 역량의 체크포인트가 잘 관찰되는지 등을 확인하는 것이다. 따라서 가능한 한 실제 지원자 그룹과 유사한 대상(입사 1~2년차)을 선발하여 실제처럼 파일럿 테스트를 실시해야 소기의 목적을 달성할 수 있다.

파일럿 테스트에 참여하는 가상 면접위원 또한 대상자를 실제처럼 평가해 봐야 개발된 문항이 원래 의도한 역량을 변별력 있게 측정할 수 있는지 확인할 수 있다. 면접위원이 관찰장면에서 기록한 긍정적/부정적 행동지표는 평가표를 수정, 보완하는 자료로 활용할 수 있다. 또한 파일럿 테스트를 촬영해 두면 추후 면접위원 교육자료로 활용할 수 있다.

● 활동 가이드

면접이 성공적이려면 지원자와 면접위원 모두 충분하게 준비가 되어 있어야 한다. 지원자에게 배부하는 활동 가이드는 토론면접에 대한 지원자의 이해를 높여 원활한 면접 진행이 가능하게 한다. 활동 가이드에는 활동의 목적, 시간 계획, 팀 구성 방법, 활동 중 질문 방법, 최종 의사 결정 방법 등이 포함될 수 있다.

토론면접 활동 가이드 예시

1. 활동의 목적
A. 본 토론은 조 구성원이 함께 협동하여
제시될 문제에 대한 최적의 결과물을 산출하는 것을 목적으로 합니다.

2. 활동 시 유의사항
A. 과제를 배부 받기 전에는 토론 전반에 대해 질문을 할 수 있지만,
과제를 배부 받은 후에는 질문을 받지 않으며 궁금한 사항이 있으면
활동 가이드에 기초해서 자체적으로 논의해서 결정을 해야 합니다.

B. 모든 세부 문제에 조 구성원 모두가 함께 참여해야 하며,
2~3팀으로 나누어 과제를 분담해서 결정하시면 안됩니다.
C. 최종안을 도출할 때는 거수나 투표에 의한 방법이 아닌,
구성원간 논의를 통해 결론을 도출해야 합니다.
D. 아래 제시된 시간 계획을 엄수해 주십시오.
E. 배부해 드릴 자료에 필기는 가능하나 훼손하거나 외부로 반출해서는 안됩니다.
F. 휴대전화 전원은 반드시 꺼 주시기 바랍니다.

3. 답안지 작성 방법
A. 답안지 작성에는 가능한 한 최소의 시간만을 배분하고,
각 답안은 1~2문장 이내로 짧게 작성해 주십시오.
B. 각 문제마다 답은 최적의 해결안 한 가지만 적을 수 있으며,
각 문제 해결에 가장 많은 기여를 한 1명만 제안자로 기재할 수 있습니다.
C. 제안자로 기재된 구성원은 추가 점수를 받을 수 있습니다.

4. 시간 계획
A. p.144의 진행 프로세스 참조

● 답안지

답안지는 지원자들이 최종 결과물을 작성하는 용지이다. 답안지는 지원자들이 자유롭게 구성할 수 있도록 아무 것도 적혀 있지 않은 깨끗한 A4 용지 또는 대형 포스트잇을 제공해 주거나 아래와 같이 구조화된 양

식으로 제공해 줄 수도 있다.

토론면접 답안지 예시

문제번호	답안	제안자
1		
2		
3		

< 면접위원용 자료 >

● 진행 가이드

　진행 가이드에는 면접위원이 면접의 세부 시간 및 단계 별로 구체적으로 해야 하는 행동과 진행 멘트, 유의사항 등이 포함된다. 구조화된 진행 가이드를 제공함으로써 각 조별로 동일한 표준화된 절차에 따라 면접을 진행할 수 있다.

토론면접 진행 가이드 예

<진행 시 유의사항>

1. 팀 구성
5대 5 팀 구성을 원칙으로 하며, 결원이 있을 때는 적절하게 팀을 구분해 주십시오.
예) 9명(5명/4명), 8명(4명/4명)

2. 지원자 질문 응대
과제 배부 후 지원자 질문이 있을 경우에는 "활동 가이드를 참고해서
조 내에 결정해서 진행을 해주십시오."라고 답변을 하시면 됩니다.

3. 면접위원 역할
2명의 면접위원 모두 각각 10명에 대해 관찰 및 평가를 해야 합니다.
2명의 면접위원 중 한 명은 안내 가이드에 따라 진행을 해주시고,
다른 한 명은 과제 배부와 같은 보조 역할을 수행해 주십시오.

<진행 스크립트 예시>

시간	배부자료	행동	진행 멘트
8:30 ~ 8:40	활동 가이드 10부	활동 가이드 배부 및 1명을 지명해서 활동 가이드를 읽게 함.	안녕하십니까? 만나서 반갑습니다. 지금부터 A사 토론면접을 시작하겠습니다. 저는 오늘 진행을 맡은 OO팀 OOO과장이며, 옆에 계신 면접위원은 OO팀 OOO과장입니다. 먼저 원활한 면접진행을 위해 핸드폰 전원을 꺼 주시고, 필기도구는 책상 위에 준비되어 있는 것을 활용해 주십시오. 그럼 먼저 오늘 토론면접 진행 방법에 대한 내용이 담겨 있는 활동 가이드를 배부해 드리겠습니다. 활동 가이드를 모두 받으셨나요? 혹 못 받으신 분은 손을 들어 주십시오. 그럼 저 뒤에 앉은 지원자 분이 큰 소리로 읽어 주시기 바랍니다.

● 평가표

평가표에는 토론에서 평가하고자 하는 각 역량의 정의, 중점 체크 포인트, 지원자들이 보일 수 있는 실제 행동 예시 등이 포함된다. 평가표에 평가 요소를 가능한 한 구조화해서 제시함으로써 면접위원의 개인적 편

향과 주관적인 판단에 기초한 평가의 오류를 예방할 수 있다. 또한 평가표에는 면접위원의 개인적 성향에 기인해 나타날 수 있는 평가의 중심화/관대화/엄격화를 배제하기 위해 평가 비율을 제시해 주는 것이 좋다. 10명 기준으로 4단계 평가일 경우 S(2명), A(3명), B(3명), C(2명) 비율이 권장되며, 면접위원에게 ±1명 정도의 비율 조정을 할 자율권을 제공할 수 있다.

토론면접 평가표 예시

조		면접위원:		(서명)
지원자 정보		평가역량		비고
수험번호	이름	문제·해결력	의사소통	
000001	홍길동	S	B	
000002	김사랑	B	A	
000003	최한국	C	B	

역량별로 S(2명)/A(3명)/B(3명)/C(2명) 비율로 평가해 주십시오.
± 1명 정도는 평가 비율이 변동될 수 있습니다.

평가 역량

역량명	정의	체크 포인트	긍정적 행동지표	부정적 행동지표
의사소통	상황 및 상대방의 감정을 정확히 이해하고, 명확하고 논리적으로 의견을 전달할 수 있는 능력	상대방의 의도 및 감정을 정확하게 이해할 수 있는가? 효과적으로 의사소통할 수 있는가?	자신의 의견의 요점을 명확히 전달한다.	핵심 없이 모호하고 긴 발언을 한다.

● 관찰 기록지

면접위원의 주관적인 판단이나 느낌이 아닌 사실과 증거에 근거한 객관적인 평가가 이루어지기 위해서는 토론 과정에서 나타나는 지원자의 행동이나 발언을 구체적으로 기록해 두는 것이 필요하다. 관찰기록지는 지원자의 핵심적인 반응과 응답이 가급적 있는 그대로 정확하게 요약 정리되어야 한다.

토론면접 관찰 기록지 예시

조		면접위원:	(서명)	
지원자	관찰 내용	역량		
		의사소통	문제해결	창의
홍길동	김사랑이 발표를 하는데 중간에 끊고 자기 이야기를 함 (최한국 발표 때도 나타남).			
최한국	환경적인 측면에 국한해서 논의가 되고 있다는 것을 지적하고, 개인 내적 측면을 생각해 보자고 제안함.			

개발 및 운영 시 고려사항

〈조 편성〉

가능한 한 8~10명이 한 조가 되도록 구성하는 것이 좋다. 너무 적은 인원 또는 많은 인원으로 조를 구성할 경우 평가가 용이하지 않기 때문이다. 채용도구는 보안을 많이 요하기 때문에 사전에 절대적인 평가 기준을 마련하기 어렵다. 따라서 상대적인 평가를 해야 하는 경우가 많은데 한 조의 인원이 너무 적거나 많으면 상대적인 평가에 어려움이 따른다.

서류 전형, 인·적성검사 결과를 기반으로 해서 각 조의 지원자 구성은 비슷하게, 그리고 조 내의 구성원은 다양한 배경을 가질 수 있도록 구성하는 것이 좋다. 상대평가를 하는 경우가 많기 때문에, 각 조별로 지원자 구성이 편파적일 경우 어느 조에 배치되느냐에 따라 지원자에 대한 평가가 달라질 수 있는 타당도 저해요소가 발생할 수 있다. 따라서 각 조의 지원자 구성은 비슷하게 하는 것이 좋으며, 조 내에서는 전 단계 채용 전형에서 우수한 성적을 보인 지원자부터 낮은 성적을 보인 지원자까지 다양하게 구성하는 것이 바람직하다. 이렇게 조가 구성될 경우 면접위원은 S(절대채용), A(우선채용), B(채용고려), C(채용불가) 4단계 평가인 경우 2:3:3:2와 같이 일정한 분포를 이룰 수 있도록 평가를 할 수 있다.

〈발표 순서〉

간혹 조 내에서 자발적으로 발표 순서를 정해서 한 명씩 순서대로 발표를 하자고 하는 경우가 발생한다. 이렇게 집단토의가 진행될 경우 토론 과정이 경직되어서 관찰할 수 있는 행동이 감소할 우려가 있다. 따라서 지원자 활동 가이드에 발표 순서를 정하지 말고 자연스럽게 논의하도록 명시하고, 기계적 순서에 따라 발표가 진행될 경우 지침을 따르도록 잠시 개입하는 것이 필요하다.

〈답안지 작성 시간〉

집단 토론의 최종 결과물을 답안지에 작성하는 시간을 통제하지 않으면 지원자들은 토론만큼 답안지 작성에 많은 시간을 할애하는 경우가 생긴다. 이렇게 될 경우 면접위원이 토론 과정을 관찰할 수 있는 시간이 줄어들고, 어떤 지원자는 결과를 정리하는 서기 역할만 맡기도 하므로 평가에 어려움을 겪을 수 있다. 따라서 답안지 작성에 가능한 한 적은 시간을 투자하고, 답안은 1~2개 문장 이내로 작성할 것을 활동 가이드에 안내해 주는 것이 좋다.

〈면접에 대한 학습 효과를 배제할 수 있는 장치 마련〉

토론에 앉아 있는 지원자 대다수는 사전에 면접 스터디나 모의 면접을 통해 교육을 받았을 것이다. 그들이 토론 면접에 대해 교육받는 주요 내용은 다음과 같다. 면접실에 들어가는 순간부터 일거수일투족이 모두 평가에 반영되고, 상대방이 이야기를 할 때는 중요한 부분을 메모하면서 듣고, 공격적인 모습을 절대 보이지 말아야 하며, 반론은 일단 긍정적으로 수긍한 다음에 자신의 의견을 조리있게 펼치고, 다른 사람을 배려하는 모습을 보여야 한다는 등이다. 따라서 학습된 가시적인 모습이 아니라 실제 지원자의 본 모습을 보기 위한 장치가 필요하다.

예를 들어, 답안지의 답안별로 가장 기여를 많이 한 1인만 기재할 수 있게 하고, 이름이 기재된 사람은 추가점수를 받을 수 있다는 규칙을 포함시킬 수 있다. 만약 이런 장치가 없다면 면접장면에서 구성원을 배려해야 한다는 교육 지침에 따라 서로 상대방이 더 많은 기여를 했다고 양보하는 지원자의 모습들만 관찰하게 될지도 모른다.

< 하이브리드형(토론+인터뷰) 면접 방법 >

관찰만으로는 지원자가 특정 장면에서 왜 그런 발언과 행동을 했는지 이해가 잘 되지 않는 경우가 생긴다. 이런 문제를 해결하기 위해 30~40분 토론을 실시하게 한 후 10~20분 동안 면접위원이 평가해야 하는 역량과 관련해서 면접장면에서 지원자가 한 발언이나 행동에 대해 질의응답을 할 수 있는 시간을 가질 수 있도록 면접을 설계하면 관찰한 바를 보다 구체적으로 탐침하여 확인할 수 있는 장점이 있다.

< 온라인 평가 시스템 >

온라인 평가 시스템 구축을 통해 인사 업무의 효율성을 높일 수 있다. 온라인 평가 시스템은 각 면접위원별로 아이디와 비밀번호를 통해 로그인 하도록 설계하며, 로그인 후 첫 화면에는 평가의 유의사항을 제시해서 면접위원이 내용을 이해한 다음에만 실제 평가를 할 수 있도록 구축한다. 일부 회사의 경우 평가 유의사항을 간단한 시험형태로 제시하는 경우도 있다. 온라인 평가 시스템은 면접 정보를 체계적으로 관리해 주며, 특히 기록된 자료는 임원면접의 기초자료로 활용할 수 있는 장점이 있다.

< 면접위원 교육 >

타당하고 구조화된 면접도구를 개발했더라도, 면접위원의 자질이 부

족하다면 면접은 실패로 끝나게 된다. 직장 경험이 많다고 해서, 고성과자라고 해서 평가를 잘 할 수 있는 것은 아니다. 평가를 제대로 하기 위해서는 적절한 교육을 받아야 한다. 하지만 면접위원 교육을 하려고 하면 이런저런 이유로 빠지려고 하는 경우가 비일비재하다. 따라서 현실적으로 많은 면접 교육 시간을 확보하기는 어렵다. 하지만 짧은 시간이라도 면접위원은 사전에 이론 및 실습 훈련과정을 반드시 거쳐야 하며, 면접도구별로 최소한 2~4시간 정도의 교육은 반드시 실시할 필요가 있다.

면접위원 교육 커리큘럼 예시

종류	교육 시간	주요 교육 내용
토론면접	최소 2시간	면접위원 주의사항 과제별 특성 평가 역량의 정의 및 체크포인트 진행 방법 관찰 및 기록 방법 평가 방법 실제 사용될 전체 과제 리뷰 실습 및 모의평가 Q&A
PT면접	최소 2시간	
역할극 면접	최소 4시간(연기자는 최소 6시간)	
복합면접	최소 4시간	

PT면접

PT(presentation)면접은 최근 시사적 이슈나 전문 분야에서 선정한 특정 주제에 대해 지원자에게 사전에 준비할 수 있는 시간을 주고 면접위원 앞에서 발표를 하게 한 후, 면접위원이 지원자의 발표 내용에 대해 추가적인 탐침 질문을 해서 그 주제에 대한 지식을 갖추고 있는지, 자신의 생각을 논리적으로 표현할 수 있는지 등을 평가하는 면접 기법이다. 다른 면접과 PT면접의 가장 큰 차별점은 지원자에게 사전에 준비할 수 있는 시간을 준다는 것이다.

PT면접 주제는 평가 초점에 따라 1) 직무 및 전공 관련 영역 2) 최근 시사 이슈로 구분된다. 신입채용의 경우 직무 및 전공 관련 영역으로 문항을 구성하더라도 대체로 해당 분야의 기초 소양을 갖추고 있는지 확인하는 수준에서 주제를 선정하고 있다. 다만 R&D 직군과 같이 해당 분야에 대한 전문성이 많이 요구될 경우에는 특수한 영역지식을 주제로 선정할 필요가 있다.

유형 및 예시

PT면접 유형은 자료 제시형과 주제 제시형으로 구분해 볼 수 있다. 자료 제시형은 주제와 관련된 자료를 함께 제시하여 지원자의 문제 분석 및 자료 분석 능력까지 평가하고자 하는 데 비해 주제 제시형은 자료 없이 주제만 주고 PT를 준비하게 한다는 차이점이 있다. 자료 제시형은 주제 제시형보다 더 많은 역량을 평가할 수 있는 장점이 있지만, 개발 과정이 더 복잡하고 면접 시간이 늘어난다는 단점이 있다.

주제 제시형 문항 예시

<대형마트 규제>

2012년 6월, 대형마트 및 SSM(기업형 슈퍼마켓)에 의무 휴업일을 지정한 지방자치단체 조례에 대해 법원이 위법 판결을 내린 뒤, 대형마트 및 SSM들이 휴일 영업을 재개하였다. 이에 위기의식을 느낀 자영업자들이 대형 유통업체를 상대로 불매운동에 나섰다. 자영업자들은 대기업이 재래시장까지 장악해 영세 상인들의 생존권을 위협하는 상황에서 정부의 강력한 규제가 절실하다고 주장한다. 그러나 대형 유통업체들은 대형마트의 영업 제한이 소비자의 선택권을 제한할 뿐만 아니라 협력업체 피해와 일자리 감소 등 부작용만 초래한다고 맞서고 있다. 대형마트 및 SSM에 대한 규제는 재래시장 살리기로 이어질 것인가? 특정 기업에 대한 집단행동은 어떻게 보아야 할 것인가? 대형마트 및 SSM 규제에 대한 본인의 입장을 밝히고, 대형마트와 재래시장이 함께 win-win할 수 있는 방법을 3가지 이상 제시하시오.

자료 제시형 문항 예시

(가) 수세기 동안, 사람들은 아기들이 이미 만들어진 축소판 성인으로 이 세상에 태어난다고 믿어온 것 같다. 프랑스 역사학자 P. Ariès(1960)가 지적했듯이, 이러한 견해는 중세기 동안에 지배적이었다. 중세기의 그림이나 조각 작품들을 보면, 아동-신생아조차도-을 그릴 때 성인의 신체비율과 얼굴특성으로 표현했음을 알 수 있다. 아동들은 단지 그들의 신체크기만으로 성인과 구별되었다. 아동은 마치 성인형상으로 미리 만들어져 있는 것으로 여겨졌다.
사회적으로도 역시 아동들은 성인과 똑같이 취급되었다. 아동들은 6~7세가 되면 다른 마을로 보내어져 도제로서 일을 시작했다. 그들은 목수기술, 농업, 가사, 직물 등 여러 가지 일을 배웠다. 또한, 고용주의 집에 기숙생으로 있으면서 자신들보다 훨씬 나이 많은 성인 도제들과 함께 일을 하곤 했다. 아동들은 이미 성인사회에 들어온 것으로 간주되었기 때문에 아동의 나이에 주의를 기울이는 사람은 아무도 없었다. 아동은 성인사회에 속하여 성인들과 똑같은 놀이를 하고, 똑같은 일을 하며, 똑같은 종류의 옷을 입었다. Ariès에 따르면, "일하는 곳이든 즐기든 곳이든, 심지어 평판이 나쁜 선술집에서 조차 아동들은 성인들과 섞이어 있었다." (※ 출처: William Crain, 「발달의 이론」)

> (나) 영국의 철학자 로크는 아동이 선천적으로 선하거나 악하게 태어나는 것이 아니라 백지상태(tabula rasa)로 태어난다고 주장하였다. 인간은 태어날 때 누구나 동등한 상태이므로, 현재 인간에게서 발견되는 차이점은 모두 환경과 경험 때문인 것으로 보았다. 만약 우리 인간의 성격이 로크의 주장처럼 오로지 경험에 의해서 형성되는 것이라면 '착한' 사람이 되거나 '나쁜'사람이 되는 것은 모두 환경의 영향 때문일 것이다. (※ 출처: 정옥분, 「아동발달의 이해」)
>
> 1) (가)와 (나)의 내용을 바탕으로 오늘날 우리가 아동을 보는 시각과 비교하여 유사한 점과 차이점을 예를 들어 설명하십시오.
> 2) (나)내용에서의 로크는 인간발달에 대해 환경론적 입장을 취하고 있습니다. 이와 관련해 인간발달이 유전에 의한 것인가, 아니면 환경에 의한 것인가에 관해 자신의 입장을 밝히고 그렇게 생각하는 근거를 예를 들어 설명하십시오. 이때 중립적인 입장은 취할 수 없으며 반드시 어느 한쪽의 입장에서 자신의 생각을 논해야 합니다.

평가 역량

PT면접을 통해 가장 잘 측정할 수 있는 평가 역량은 전문성, 논리적 사고, 문제해결력, 의사표현력 등이다. 물론 문항 구성에 따라 창의성 또한 PT면접을 통해 확인할 수 있다. 특히 PT를 통해 이와 같은 역량을 잘 측정하기 위해서는 무엇보다 지원자의 발표 내용에 대한 면접위원의 적절한 심화 질문이 중요하다.

진행 프로세스

PT면접의 일반적인 진행 프로세스는 아래와 같다. PT면접 시간은 통상적으로 30~50분 이내로 운영되고 있다.

PT면접 진행 프로세스 예시

시간	구분	활동
PT 준비 시간	PT 준비 가이드라인 안내 과제 및 답안지 배부	PT 준비 가이드라인 숙지, 발표 자료 준비
입실~10분	발표	준비한 내용 발표
10분~30분	질의응답	평가 기준에 기초해서 발표 내용에 대한 심화 질문
30분~40분	평가 및 조정	면접위원 2인 각자 평가 평가 의견 및 증거 공유 조정 및 최종 평가

토론면접과 유사하게 PT면접에 필요한 자료는 지원자용 자료와 면접위원용 자료로 구분해 볼 수 있다. PT면접에서는 면접위원용 자료로 심화 질문 리스트를 준비해야 한다.

PT면접 진행 시 필요한 자료

PT면접을 통해 평가하고자 하는 역량을 모두 측정하기 위해서는 지원자의 발표 내용에 대한 적절한 심화 질문이 필수적이다. 하지만 면접위원이 심화 질문기법에 대한 숙련도가 부족할 수 있기 때문에 면접위원이 활용할 수 있는 심화 질문 리스트를 사전에 작성해서 제공해 주는 것이 효과적이다. 특히 지원자의 경우 PT 과제에서 요구하는 세부 내용 중 자신이 없는 부분은 적당히 얼버무리는 경우가 많기 때문에 심화 질문은 이런 영역 위주로 행해져야 한다.

지원자가 선정한 PT 과제만으로는 평가 역량을 점검하기가 어려운 경우가 있다. 이런 경우를 대비해 추가적으로 점검할 수 있는 간단한 예비 과제를 면접위원에게 제공해 줄 필요가 있다. 면접위원은 예비 과제를 활용해서 추가적인 질문을 함으로써 미진한 부분을 보완할 수 있다.

지원자용 자료	면접위원용 자료
• 활동 가이드 • 과제 • 답안지	• 심화질문(probing question) 리스트 • 예비 과제 • 진행 가이드 • 문항별 예상 답안 • 평가표 • 관찰 기록지

심화 질문 리스트 예시

역량	체크 포인트	심화 질문
논리적 사고	다양한 변수들을 고려할 수 있는가?	• 본인의 주장을 전개하는 과정에서 고려한 변수에는 어떤 것들이 있습니까? • 고려한 변수의 우선수위를 정한다면 어떻게 될까요? • 왜 OOO 변수는 고려하지 않았나요?
문제 해결력	참신하고 효과적인 결론을 도출해 낼 수 있는가?	• 본인이 제안한 아이디어가 현실성이 있다고 생각하시나요? • 제안한 3개의 아이디어가 하나의 범주로 볼 수 있을 것 같은데, 다른 측면에서의 아이디어는 없나요? • 기존의 OOO와의 차별점은 무엇인가요? • 과제에 제시된 내용을 종합한 수준 아닌가요?

개발 및 운영 시 고려사항

● 문항 개발

PT 문항은 정치, 종교 문제 등과 같이 민감하거나 지원자의 성별 등에 따라 배경 지식이 달라질 수 있는 주제는 가급적 피하는 것이 좋다. 또한 너무 쉽거나 지엽적인 주제는 가급적 배제해야 한다.

문항 진술문에는 평가 목적을 고려하여 지원자가 발표에 꼭 담길 원하는 내용을 명시적으로 알려줄 필요가 있다. 예를 들어, '본인의 의견을 … 제시하시오', '우리 회사에 미칠 장·단기적인 영향을 밝히시오', '방안을 3개 이상 제시하시오', '개선책을 제안하시오', 'ㅇ과 ㅇ을 연관지어 설명하시오' 등과 같이 구체적 조건을 제시할 수 있다.

● 주제 선정 방법

과거에는 지원자의 발표 주제를 면접위원 또는 진행요원이 지정해 주는 방법을 많이 사용하였지만, 최근에는 지원자가 스스로 선정하는 방법을 많이 사용하고 있다. 지원자가 스스로 주제를 선정할 경우에도 1) 모든 PT 주제를 본 후 가장 자신 있는 주제를 선택해서 발표하는 경우 2) 주제의 내용을 모르는 상태에서 임의로 하나의 주제를 선택해서 발표하는 경우 3) 주제의 내용을 모르는 상태에서 임의로 두 개의 주제를 선택해서 그 중에서 자신 있는 주제를 발표하는 경우로 구분해 볼 수 있다. 2)의 방법은 어떤 주제를 선택하느냐에 따라 평가 결과가 매우 달라질 수 있기 때문에 평가의 신뢰도가 낮을 수 있다. 따라서 일반적으로 1)과 3)의 방법을 많이 사용되고 있는 추세이다.

● PT 준비 시간

보통 지원자에게 30~60분의 준비 시간을 준 후 PT면접장에 입장하게 한다. 사전 준비 시간은 문항의 난이도에 따라 달라져야 하며, 적절한 역량 변별을 위해서는 너무 넉넉하게 주지 말고 지원자가 빠듯하게 느낄 정도로 주는 것이 좋다. 만약 PT 과제가 매우 전문적이고 복잡한 문제해결을 요한다면 준비시간은 보다 많이 주어져야 할 것이다. 적절한 PT 준비 시간을 결정하는 가장 좋은 방법은 최근에 입사한 신입사원을 대상으로 파일럿 테스트를 실시한 후 가장 적합한 시간을 정하는 것이다.

● 문항 난이도 동등성

지원자 간에 동일한 PT 주제를 받는 경우가 아니라면 문항 난이도는 평가 결과의 타당도에 많은 영향을 미치게 된다. 준비한 문항 간에 난이도가 다를 경우 어떤 문항을 선택하느냐에 따라 평가 결과가 달라질 수 있기 때문이다. 따라서 문항을 개발한 후에는 난이도를 확인할 수 있는 설문지를 구성해서 문항 간 난이도 차이가 크게 나타나는지 사전에 반드시 점검할 필요가 있다. 채용 분야별 현업 직무전문가가 일반적으로 문항 난이도 평정을 하며, 보다 정확한 난이도 동등성 확인을 위해서는 파일럿 테스트를 실시하는 것이 필요하다.

문항 난이도 설문지 예

문항 번호	주제 영역	문항 내용	난이도			비고 (추가 의견 작성)
			상	중	하	
			O			

역할극 면접

역할극(Role-Play) 면접은 특정 상황을 연출해서 역할 연기를 하는 과정에서 지원자의 즉각적 상황 대처 능력과 대인 응대 태도 등을 평가하는 면접방법이다. 실제 일어날 수 있는 가상 상황을 놓고 역할연기자(직원 또는 전문연기자) 한두 명과 지원자 한두 명이 상황극을 하도록 구성된다. 이때 역할 연기자들은 상황에 따라 질문을 하거나 답변을 하기도 하며, 심지어 화를 내거나 짜증을 내기도 한다. 지원자들은 이들 역할 연기자들과 상호작용을 하면서 문제를 해결하거나 상황에 대처해야 한다. 역할극 면접은 고객접점에서 활동을 많이 하는 서비스직, 영업직 등의 채용에서 유용하게 활용할 수 있다.

역할극 면접은 실제 직무와 유사한 상황에서의 지원자 반응을 관찰할 수 있다는 장점이 있지만, 역할 연기자들이 모든 지원자에게 일정하고 동일한 연기 및 압박을 보이지 못하면 평가의 타당도가 낮아진다는 단점이 있다.

유형 및 예시

역할극 면접은 평가 초점에 따라 상황 대처 유형과 정보 탐색 유형으로 구분해 볼 수 있다. 상황 대처 유형은 지원자가 대처하기 어려운 긴박하고 난처한 상황을 설정해서 지원자가 그 상황에서 얼마나 적절히 대응할 수 있는지를 검증하는 방법이며, 정보 탐색 유형은 주어진 상황에서 얼마나 다양한 정보들을 획득해낼 수 있는지를 검증하는 방법이다. 서비스직 선발에서는 주로 상황 대처 유형이 활용되고 있다.

상황 대처 유형에서 지원자와 역할 연기자는 매장, 음식점 같이 지원자에게 익숙한 장소를 상정하여 고객과 직원의 역할을 수행하게 된다. 보통 역할 연기자가 지원자를 곤란하게 하는 손님 역할을 맡게 되며, 지원자는 이에 대처해야 하는 직원 역할을 맡는 경우가 많다. 상황 대처 유형은 특히 역할 연기자의 압박 수준의 적절성, 지원자에 대한 일관성이 중요하다. 압박 수준이 너무 높거나 낮을 경우 지원자 간 변별력이 떨어질 수 있으며, 지원자 간 압박 수준이 다를 경우에는 평가의 타당도가 저해될 수 있다. 또한 압박 수준이 지나치게 높을 경우에는 지원자의 면접 스트레스가 극심해져서 회사 채용에 대한 만족도 및 고용 브랜드 저하로 연결될 수 있음은 염두에 둘 필요가 있다.

정보 탐색 유형에서 지원자들은 문제 상황 및 본인의 역할을 이해하고 역할 연기자에게 다양한 질문을 해서 필요한 정보들을 획득해야 한다. 이때 역할 연기자는 보통 수동적인 자세를 취하게 된다. 즉, 지원자가 응답 매뉴얼에 포함되어 있는 질문을 했을 때에만 정보를 제공해 주고, 그렇지 않은 경우에는 형식적인 짧은 대답만을 해준다. 정보 탐색 능력을 평가하기에는 매우 유용한 도구지만, 지원자의 응답 형태를 예상하고 적절한 응답 매뉴얼을 개발하기 어렵다는 단점이 있다. 또한 실제 역할 연기자가 응답 매뉴얼을 사전에 숙지를 했더라도 실제 면접장면에서는 실수를 하는 경우가 많기 때문에 운영에 어려움이 따른다.

역할극 면접 문항 예시

	상황 대처 유형	정보 탐색 유형
상황	고객 불만씨는 4일 전 할인 행사 기간에 구입한 점퍼를 환불 받기 위해 점원 A씨를 찾아왔습니다. C 매장은 할인 행사 기간에 판매한 제품은 한번도 착용하지 않은 제품에 한해 3일 이내에만 환불을 해주는 것을 원칙으로 하고 있습니다. 고객 불만씨는 구입한 점퍼를 한 번 착용한 적이 있지만 착용한 적이 없다고 주장하면서 점원 A씨에게 무작정 환불을 해 줄 것을 요청하고 있는 상황입니다. 지원자께서 점원 A씨라고 가정하고 지금부터 적절하게 응대를 해주시기 바랍니다.	지원자 A씨는 C 의류멀티샵의 점원입니다. C 의류멀티샵은 아동용부터 성인용 의류까지 모든 제품을 취급하고 있으며, 중저가 브랜드부터 고가 브랜드까지 모두 구비하고 있습니다. A씨는 매장을 방문한 B고객에 대한 정보를 전혀 가지고 있지 않은 상태입니다. 계속적인 질문을 통해서 B고객이 원하는 상품이 어떤 것인지 확인하시기 바랍니다. B고객은 A씨가 적합한 질문을 했을 때에만 정보를 제공해 줄 것입니다. 10분 동안 정보를 수집한 후, 고객에게 가장 적합한 제품을 추천해 주시기 바랍니다.
역할	지원자(점원), 연기자(고객)	지원자(점원), 연기자(고객)

평가 역량

역할극 면접에서 지원자는 당혹스러운 문제 상황에 대처하고, 갈등을 해결할 수 있는 해결책을 마련하고, 해결책을 기반으로 상대방을 설득해야 하므로 서비스마인드, 스트레스 내성, 상황대처력, 의사표현력, 대인이해, 정보수집력 같은 역량을 잘 평가할 수 있다.

진행 프로세스

역할극 면접의 일반적인 진행 프로세스는 아래와 같다. 역할극 면접 시간은 통상적으로 10~15분 이내로 운영되고 있다. 역할극 면접은 소요되는 시간이 적기 때문에 지원자에게 2개 상황을 주거나, 상황 대처 유형과 정보 탐색 유형을 함께 제시할 수 있다.

시간	구분	활동
입실~2분	역할극 수행 가이드라인 안내 상황 설명	역할극 수행 가이드라인 숙지 역할극의 상황 및 지원자 역할 이해
2분~10분	역할극	연기자와 지원자 간 역할극 실시 (연기자는 대본에 충실해야 함)
10분~15분	평가 및 조정	면접위원 2인 각자 평가 평가 의견 및 증거 공유 조정 및 최종 평가

역할극 면접 진행 시 필요한 자료

역할극 면접을 처음 접하는 지원자는 면접 방법을 잘 이해하지 못해 자신의 역량을 제대로 발현하지 못하는 경우가 많다. 따라서 역할극 면접 시작 전에 본 면접이 어떻게 구성되어 있으며, 지원자가 구체적으로 어떤 행동을 해야 하는지 명확하게 알려줄 필요가 있다.

역할극 면접의 성공 여부는 연기자가 지원자들 간에 얼마나 동일한 수준으로 연기를 해줄 수 있는가에 달려있다고 해도 과언이 아니다. 따라서 연기자용 스크립트에는 등장인물의 성향, 압박 수준, 지원자 답변에 대한 구체적인 멘트 등이 포함되어 있어야 하며, 연기자는 사전 연습을 통해 스크립트의 내용을 충분히 머리 속에 숙지하여 자연스럽게 역할에 몰입할 수 있도록 하는 것이 좋다.

지원자용 자료	면접위원 및 연기자용 자료
• 역할극 수행 가이드라인 • 과제	• 연기자용 스크립트 • 진행가이드 • 평가표 • 관찰기록지

개발 및 운영 시 고려사항

● 연기자 선정

역할극 면접에서 면접위원이 평가와 역할 연기를 동시에 할 수도 있지만, 역할 연기만 하는 인력을 투입할 수도 있다. 훈련된 전문가가 아니라면 평가와 역할 연기를 동시에 하기는 어렵기 때문에 역할 연기자를 따로 두는 것이 좋다. 역할 연기자로 끼 있는 신입사원을 선발할 수도 있지만, 전문 배우를 고용해서 사용하는 방법도 고려해 볼 수 있다.

● 역할 연기자를 위한 표준화된 자료 개발 및 교육

역할극 면접은 역할 연기자의 압박 수준이나 대처요령에 따라 지원자에게 미치는 영향이 매우 크다. 따라서 역할 연기자의 압박 수준, 멘트 등이 누구에게나 동일한 수준으로 제시될 필요가 있으며, 이를 위해서는 사전 교육을 통한 훈련이 반드시 필요하다. 또한 표준화된 진행을 위해서는 역할 연기자의 멘트 및 행동요령을 구체적인 스크립트 형태로 제시해 줄 필요가 있다.

● 지원자 맞춤형 상황 선정

신입 채용 장면에서 활용되는 역할극의 상황은 보통 패스트푸드점, 의류, 화장품, 자동차 매장, 레스토랑, 공연장 등과 같이 지원자들이 한 번쯤 경험해 봤을 만한 곳이다. 특히 역할극 상황과 유사한 장소에서 아르바이트 및 근무 경험이 있다면 평가 역량보다는 과거 경험 때문에 상황극의 대처 수준이 뛰어날 수 있다. 따라서 사전에 이력서 등에서 지원자 정보를 확인한 다음 지원자에게 매우 익숙한 상황보다는 상대적으로 잘 모르는 상황을 제시 받을 수 있도록 하는 것이 필요하다.

복합면접

복합면접은 실제 직무와 유사한 모의상황들을 다양한 활동으로 구성해서 다수의 역량을 다각도로 평가하는 방법으로, 평가센터(Assessment Center) 연구에 기반하고 있다.

복합면접에는 서류함 기법, 역할극 면접, PT면접, 토론면접, 심리검사 등의 다양한 방법들이 포함될 수 있으며, 1인 활동, 2인 활동, 5인 활동, 조 전체 활동 등 여러 가지 형태로 구현될 수 있다. 우리나라 채용장면에서 복합면접은 SK텔레콤과 외환은행의 합숙면접, CJ의 심층면접, 미래에셋증권의 종합면접 등으로 명명되고 있으며, 짧게는 4시간에서 길게는 1박2일 동안 실시되고 있다.

복합면접은 상대적으로 오랜 시간 동안 다수의 역량을 다양한 평가과제를 통해 중복 평가를 하기 때문에 다른 면접도구에 비해 면접의 타당도와 신뢰도가 높다는 장점이 있다.

또한 복합면접을 경험한 지원자들의 후기를 보면 가장 많이 나오는 답변 중에 하나가 다른 면접과는 달리 면접장면에서 자신이 보여줄 수 있는 역량을 전부 발현할 수 있었기 때문에 탈락해도 후회가 남지 않을 것 같다는 것이다. 이는 복합면접이 지원자에게 공정하고 타당한 선발과정으로 지각되고 있다는 증거라고 볼 수 있다. 면접 장면에서의 면접위원의 태도뿐만 아니라 체계적이고 과학적인 채용 시스템 또한 기업 이미지에 영향을 미친다. 회사의 입장에서는 복합면접을 통해 우수 인재 선발의 소기의 목적뿐만 아니라, 잠재적 고객 유치 및 채용 브랜드를 높일 수 있는 부가적인 효과도 낼 수 있는 장점이 있다.

> 복합면접은 오랜 시간 동안 다양한 평가과제를 통해 중복 평가를 하기 때문에 다른 면접도구에 비해 면접의 타당도와 신뢰도가 높다.

하지만 복합면접은 다른 면접 방법에 비해 개발, 운영, 유지하는 데 많은 비용이 든다는 단점이 있다. 실제적인 측면에서도 복합면접을 구현하기 위해서는 많은 물리적 공간과 면접위원 및 진행요원이 필요하다. 하지만 적합하지 못한 사람을 선발했을 때 지불하게 될 수 있는 비용을 고려한다면 그렇게 비싸다고 볼 수만은 없을 것이다.

평가 역량

　복합면접에는 측정 역량을 평가하기 위해 서류함 기법, 역할극 면접, PT면접, 토론면접, 심리검사 등 다양한 형태의 평가기법들이 사용될 수 있으며, 실내(indoor) 활동뿐만 아니라 실외(outdoor) 활동까지도 포함시킬 수 있다. 즉 복합면접은 앞에서 살펴 본 다양한 채용도구들을 하나로 묶은 종합세트라고 볼 수 있다. 일반적으로 복합면접에 포함되는 평가기법이나 활동의 수가 많고 다양할수록 평가의 타당도와 신뢰도는 보다 높아진다. 다만 너무 많은 활동을 동일한 면접위원이 평가하면 도구에 대한 이해도가 떨어지고, 도구와 상관없이 여기서 점수가 높은 지원자는 저기서도 높은 식으로 도구별 점수 상관이 높아질 수 있다. 따라서 무조건 활동 종류나 숫자를 늘릴 것이 아니라 투입 가능한 면접위원의 수와 역량, 전체 면접 시간, 평가해야 할 역량 수 등을 복합적으로 고려할 필요가 있다.

복합면접 유형별 관찰 가능한 역량

	사례 분석	구두 발표	리더 없는 집단토론	역할극	서류함 기법	정보 탐색	집단 과제	비즈니스 게임
문제분석	○		○	○	○	○	○	○
의사결정	○	○	○	○	○	○		○
리더십			○	○	○		○	○
공감				○	○			
관리기술				○	○			
권한위임				○	○			
계획 및 조직	○				○			○
스트레스 관리		○				○		
팀워크			○					○
구두 의사소통		○	○			○	○	○
서면 의사소통	○							

(출처: Thornton, G. C., III, & Rupp, D. R. (2006). Assessment centers in human resource management: Strategies for prediction, diagnosis, and development. Mahwah, NJ: Lawrence Erlbaum)

진행 프로세스

복합면접은 투입 시간, 활동 형태, 활동 수 등에 따라 매우 다양하게 구조화할 수 있다는 장점이 있다. 복합면접은 장시간 동안 지원자들이

한 그룹으로 다양한 활동을 함께 해결해야 하기 때문에 처음 시작 단계에서는 긴장을 풀어주고 지원자 간에 친밀감을 느끼도록 할 수 있는 활동을 배치하는 것이 좋다.

복합면접은 단순히 검사를 실시하거나 인터뷰를 독립적으로 실시하는 과정이 아니기 때문에 설계 및 진행 과정이 매우 복잡하다. 따라서 사전에 공간 확보, 면접위원 및 진행자 확보, 식사 계획, 지원자 이동 차량 및 숙소 배치, 평가과제(exercise) 순서 결정, 평가과제별 이동 동선 등 많은 것들을 고려해야 한다. 따라서 복합면접을 계획하고 있다면 개발 경험이 많은 전문가의 조언을 들어 보는 것이 크게 도움이 될 것이다.

시뮬레이션 면접 적용을 위한 체크포인트

우리는 이 장에서 시뮬레이션 면접의 특징 및 개발 방법에 대해서 살펴보았다. 채용 전형에서 활용할 수 있는 시뮬레이션 면접 유형 중 가장 적합한 방식을 선정하기 위해서는 사전에 다양한 변수들을 고려해야 한다. 그리고 선정한 방식을 어떻게 구조화하는지에 따라서도 타당도와 신뢰도는 크게 달라질 수 있다. 그러므로 채용도구 개발 담당자라면 선발도구에 대한 지식을 학습하고, 지원자, 면접위원 등의 변인들을 종합적으로 고려해서 체계적이고 과학적인 설계가 가능하도록 노력해야 한다. 아래에는 시뮬레이션 면접 적용 시 점검해야 할 제반 사항을 정리한 체크리스트가 제시되어 있다.

시뮬레이션 면접 적용 시 점검해야 할 체크리스트

구분	고려사항
시뮬레이션 유형 결정	전체 채용 전형 중 시뮬레이션 면접에서 평가하고자 하는 역량은 무엇인가?
	실무면접의 예상 지원자 수, 예상 선발 비율, 가용한 시간 및 자원은 어떻게 되는가?
	이전에 사용한 활동 유형이 타당한가? 지원자에게 얼마나 노출이 되어있는가?
	최근 채용 선발도구의 트렌드는 무엇인가?
	지원자에게 공정하고 타당한 선발과정으로 인식될 수 있는가?
과제 개발	누가, 어떤 방식으로, 몇 개의 과제를 개발할 것인가?
	지원자, 면접위원, 진행요원에게 필요한 자료는 무엇인가?
	타당도는 어떻게 확보할 것인가?
	과제 보안은 어떻게 유지할 것인가?
평가 방법	몇 명의 면접위원이 지원자를 평가할 것인가?
	블라인드(blind) 면접을 실시할 것인가?
	평정 척도는 어떻게 개발할 것인가?(예: BOS, BARS, 절충안 등)
	활동 간, 또는 앞 전형과의 결과 합산은 어떻게 할 것인가?
면접위원 선정 및 교육	활동별 적합한 면접위원은 누구인가? (직급, 역량, 성과 등)
	면접위원의 평가 전문성은 어떻게 되는가?
	면접위원 교육은 누가 할 것인가?
	교육 커리큘럼은 어떻게 구성할 것인가?

후 기

필자들은 수십 년 만에 가장 덥다는 여름을 누구보다 뜨겁게 보내며 이 책을 썼다. 날씨도 더웠지만, "자의반 타의반"이라는 말이 딱 맞는 갑작스러운 포지션 변화는 우리를 더욱 뜨겁게 했다. 활짝 열린 앞날에 대한 희망과 불안이 교차하며 집필 작업에 더욱 박차를 가할 수 있었다. 벌써 이 모든 것에 대해 감사한 마음이 든다.

어렵게 제목을 정하고 "과학적 인재 선발의 실전적 적용"이라는 부제를 뽑아 보면서 대한민국은 이제 이 방향으로 겨우 첫걸음을 내디뎠다는 생각을 지울 수 없다. 최근 몇 년간 대기업들의 지원서 양식들을 비롯해서 지원자들의 인·적성검사 후기, 면접 후기 등을 다시 살펴 보면서 업계 상위권에 들어 있는 회사들 중에 아직도 전통적인 방식의 지원서나 면접 방법을 쓰고 있는 회사가 많음을 알 수 있었다. 그만큼 과학적 인재 선발은 아직 걸음마 단계, 혹은 흉내 내기 단계에 있다고 판단된다.

또한 이 책에 담긴 내용들이 이 분야에 관한 미국이나 유럽에서 나온 책들에 비추어 보면 참으로 초보적인 수준이라는 점도 우리나라가 이제 과학적 인재 선발에 입문하는 단계에 있다는 사실에 대한 한 증거라 볼 수 있다. 보다 많은 채용 담당자들이 이 책에 나온 내용 정도는 마스터하고 보다 심도 있게 채용 업무를 진행할 수 있기를 바란다.

일이 이렇게 된 데에는 많은 회사가 채용 업무를 다소 귀찮고, 실무적으로 처리해야 할 잡무가 많은 업무라고 보고 있는 것도 한 원인이 된 듯하다. 최근에 보면 채용 담당자들 나이가 점점 어려지거나 직급이 낮아지는 경향을 볼 수 있다. 심하게 말하면 채용을 비교적 신입 때 한 번쯤 몸으로 때워야 할 업무라고 인식하고 있는 것 아닌가 하는 생각이 들 때가 있다. 그래서 1~2년 또는 2~3년 루틴하게 처리하는 채용 행정을 익힌 다음에는 다른 업무를 맡게 하는 회사가 많은 듯한데, 이래서는 채용 업무가 전문화되기 어려울 듯하다.

국내 기업에서 CHRO의 위상이 COO나 CFO의 위상보다 대체로 낮은 경향이 있는 것에 대해 한탄하는 목소리가 나온 지도 꽤 된 것으로 알고 있다. 인사나 채용 업무의 전문성을 인식하고 촉진하는 글로벌 기업의 현실과는 큰 거리가 여전히 존재한다. 그 동안 놀라운 성장을 이뤄 온 대한민국의 성장 동력을 우려하는 이 시점에 기업과 기관이 좀 더 관심을 갖고 과학적 인재 선발과 관리를 통해서 인적 자원 활용을 극대화하고 아울러 성장 잠재력도 키워 나갈 수 있기를 진심으로 바래본다.

2012년 임진년 여름에 (주)BSC 기업부설연구소

채용담당자 핸드북

1쇄 발행 2012년 9월 12일
2쇄 발행 2020년 5월 11일

지은이	(주)BSC 기업부설연구소
펴낸곳	(주)BSC
등록번호	제2012-000262호
주소	서울시 서초구 마방로 2길 9, 보광빌딩 2층
전화	02-575-2386 / 070-8892-8285
이메일	bsc.rnd@gmail.com

ISBN 978-89-969309-0-7 13320

- 책값은 뒤표지에 있습니다.
- 잘못 만들어진 책은 교환해 드립니다.
- 독자의 의견을 기다립니다.